不焦虑的青春期

HELPING YOUR ANXIOUS TEEN

Positive Parenting Strategies to Help
Your Teen Beat Anxiety, Stress, and Worry

Sheila Achar Josephs

厌学、暴躁、孤僻
孩子的共情养育法

[美] 希拉·阿迦尔·约瑟夫斯 著　　王浩宇　译

世界图书出版公司
北京　广州　上海　西安

图书在版编目（CIP）数据

不焦虑的青春期 /（美）希拉·阿迦尔·约瑟夫斯著；王浩宇译 . — 北京：世界图书出版有限公司北京分公司，2024.5
ISBN 978-7-5232-0615-7

I. ①不… II. ①希… ②王… III. ①青春期 – 健康教育 – 青少年读物 IV. ① G479.2-49

中国国家版本馆 CIP 数据核字（2024）第 101298 号

书　　名　不焦虑的青春期
　　　　　BU JIAOLÜ DE QINGCHUNQI
著　　者　[美] 希拉·阿迦尔·约瑟夫斯
译　　者　王浩宇
责任编辑　杜　楷
特约编辑　董　桃
特约策划　巴别塔文化

出版发行　世界图书出版有限公司北京分公司
地　　址　北京市东城区朝内大街 137 号
邮　　编　100010
电　　话　010-64038355（发行）　64033507（总编室）
网　　址　http://www.wpcbj.com.cn
邮　　箱　wpcbjst@vip.163.com
销　　售　各地新华书店
印　　刷　天津光之彩印刷有限公司
开　　本　880mm×1230mm　1/32
印　　张　8.5
字　　数　169 千字
版　　次　2024 年 5 月第 1 版
印　　次　2024 年 5 月第 1 次印刷
版权登记　01-2023-5383
国际书号　ISBN 978-7-5232-0615-7
定　　价　59.00 元

如有质量或印装问题，请拨打售后服务电话 010-82838515

本书献给我的母亲玛拉蒂•阿迦尔，感谢她的智慧和充满爱意的支持，也献给我的父亲 B. R. 阿迦尔博士，他教会我要有远大梦想。本书也献给这些年来与我一起工作过的儿童和青少年，他们在各自父母的帮助下，勇敢地直面恐惧，并且从焦虑中寻得自由。

CONTENTS

目录

读者注意

本书案例皆为虚构，由不同的青少年及其家庭情况组合而成，并非具体的人或事。任何可以辨识身份的信息都已被更改或删除。本书仅供一般教育使用，不代表针对个人的专业建议，更不能代替心理服务。

前　言

> 焦虑像海啸一样袭击了我的孩子。有时候还好，但有时候她看起来真的很焦虑。她甚至开始回避让她焦虑的情况。我试着给她鼓励，但对她没有用。不知不觉，我们都开始变得紧张不安。焦虑已经住进我家，开始发号施令。
>
> ——一位焦虑青少年的家长

作为焦虑青少年的父母，你肯定清楚焦虑是如何紧紧抓住你的孩子不放的。你可以在孩子的脸上看到它——那种紧张和担忧。你注意到孩子的行为发生了变化，你希望他能摆脱恐惧，专注于他生活中积极的事情，然而这并不容易。焦虑的影响范围太广了。

你可能有一个深陷焦虑的女儿，或一个回避社交的儿子，又或者，你可能有一个处于青春期、竭尽全力想要在学校表现完美的孩子。你的女儿在某些情况下会惊慌失措，或者你的儿子在每一件小事上都十分焦虑。无论焦虑以怎样的形式表现出来，你都和其他焦虑青少年的父母背负着一样的重担：你们都见证了焦虑对孩子和家庭产生的巨大影响。焦虑能让本来正常的一天或一周的生活完全被打乱。现在，所有人似乎都对焦虑“唯命是从”。有时候，你的孩子真的很痛苦。这时你可能会疑惑：我那本来快乐的孩子去哪了呢？

养育焦虑的青少年确实是一个挑战。你为了让孩子感觉好些而努力去帮助他，鼓励他放下恐惧，但是你越这样做，他就越会认为你不理解他。如果你在他焦虑时和他讲道理，他大多数时候根本听不进去。你给孩子一些关于如何解决问题的建议，但他不会听。当看到他逃避挑战时，你对他说面对挑战并没有想象中那么糟糕。然而，尽管你付出了巨大努力，你的孩子依然被困在恐惧、担忧和逃避的痛苦当中。

给焦虑的青少年提供帮助如此具有挑战性，这一点儿也不奇怪。青少年时期会让人在成长上产生变化，压力也会越来越多，对青少年产生了相当大的影响。在这一时期，很多焦虑的诱因都相互影响。此外，缓解焦虑的策略看起来也很反直觉。比如，为了缓解焦虑，你可能需要先刻意地提升焦虑水平。总的来说，尽管每个父母都付出了巨大努力以减少孩子的焦虑，但焦虑依然存在，这是有原因的。

父母试图用非常理智的方法帮助孩子，当方法不奏效时，他们会问：“为什么我的方法不管用？”“当我的孩子如此焦虑时，我要怎样做才能理解他？”我写本书就是为了回答这些问题。好消息是，父母其实可以做很多事情来帮助孩子对抗焦虑。尽管你的孩子现在看起来好像被困住了，但一旦借助正确的方法，他就能够克服自己的焦虑。前方真的会有希望的曙光！

在过去的 20 年里，我有幸作为心理学专家和焦虑障碍专家，帮助青少年克服焦虑，让他们过上满意的生活。当焦虑消散，他们就卸下了一个巨大的负担。例如，最近一个克服了焦虑的 13 岁男孩微笑着对我说："生命太美好了！"能帮助他最终好起来，这种感觉太奇妙了！我用过很多有效的方法成功地治疗了幼儿、学龄前儿童和青少年的各类焦虑问题，如社交焦虑、惊恐、强迫症状，并将在本书中讨论这些方法。适应不良的焦虑，即那些妨碍到我们的焦虑，是可以被缓解，甚至彻底被消除的。

父母是孩子战胜焦虑的关键

很久以前我就发现，在帮助青少年的过程中，让父母参与到孩子的改变之旅中很关键，这对孩子缓解焦虑具有有力而持久的作用。之后，我就开始引导父母与他们的孩子一起缓解孩子的焦虑。这些父母激动地发现，通过应用本书中讨论的策略，他们确实可以让青少年的情绪和行为发生积极的转变。他们学着成为幕后的教练，温和地引导他们的孩子减少痛苦。青少年来访者也很高兴他们的父母对焦虑有了更多理解、学会了在他们忧虑不安时温和地引导他们。

用教练的方式帮助孩子缓解焦虑有很多好处。它能让你和孩子紧密配合，一起打败焦虑，而不是让焦虑挡在你和孩子之间。在指导过程中，你可以通过提供鼓励和启发，以及对勇敢行为的充分赞扬和强化来培养孩子的动机和努力。与任何一个好教练一样，你可以识别出对手，即“焦虑”的弱点，以及你的孩子打败对方的优势。最后，你可以：（1）提醒孩子练习本书中介绍的策略；（2）展示如何使用这些策略；（3）让孩子坚持，撑过困难时期。

有研究肯定了父母在青少年治疗中参与进来的价值。这样做不仅可以提升治疗效率，而且更重要的是，从长远来说这样做会让积极效应更加持久，这不是很有意义吗？父母是孩子生活中最重要的人，孩子的焦虑自然会影响到家庭生活，也会被家庭生活所影响。

在本书中，我的目标是为你提供所有你需要的工具，让你成功成为孩子的焦虑教练。但是，在开始帮助青少年之前，我们首先要了解怎么做才能真的缓解焦虑。你知道吗？持续性焦虑很大一部分是习得性反应，这意味着有些让焦虑持续存在的行为原则可以通过新的经验被改变。你将学习如何改变那些让焦虑持续的因素，包括学习应用最有效的策略，以及避开那些会在无意中适得其反的策略。

本书也会集中讨论孩子的焦虑情绪如何改变你的感受和行为。虽然你不必为孩子的焦虑负责，但你对焦虑行为的回应方式对他会有很大影响。为了帮助孩子缓解焦虑，你可能已经采取了一些保护性的预防策略，或者偶尔提出了苛刻的要求。焦虑的行为经常迫使父母改变正常的生活习惯和原本的养育策略，因为焦虑已经占据了上风。你们好像是在按照焦虑的规则生活，而不是按照自己的规则生活！本书是帮助你和孩子从焦虑的“魔爪”中解放出来的一份指南。

改变是可能的，也是必要的

如果你的孩子已经焦虑一段时间了，不要担心，现在开始帮助他还不算晚，即使是那些长时间遭受焦虑之苦的青少年也有转机，只是，如果孩子的焦虑根深蒂固，那他可能需要更多时间来练习本书中介绍的技巧。即使是那些已经经历一段时间焦虑的人，也会发现这些技巧足以在他们的生活中即刻创造积极的改变。

然而，这并不意味着你可以不重视焦虑的消极影响。有些焦虑会随着孩子的成长渐渐消退，但那些严重影响了孩子日常生活的焦虑几乎不会自己消失。随着时间的推移，它们可能会进一步加剧，并有可能产生严重的后果。就算孩子的焦虑水平很低，把本书中的技巧教给他，也会帮助他过上更自信、更舒适的生活。从本质上说，你是在给孩子提供工具，让他学习如何更好地面对有恐惧或有压力的情况，这将有助于孩子应对未来的任何挑战。

本书的理论基础

本书提到的策略是以焦虑障碍的认知行为概念为基础的。认知行为疗法（cognitive behavioral therapy, CBT）是由艾伦·T. 贝克（Aaron T. Beck）开创的经典疗法，该疗法认为消极和痛苦的情绪由某些想法、信念、行为所引发，我们需要对其进行检查和调整，以缓解这些情绪。虽然听起来很简单，但这种疗法精细地规定了如何以一种正确方式对情绪和行为实施显著、积极和作用持久的改变。大量研究表明，这一治疗方法对儿童、青少年和成人都是安全有效的。

本书深度追踪了一系列不断发展的研究。这些研究表明，通过一种叫作“暴露与反应预防”的 CBT 技术来直面恐惧，可以有效减少焦虑和基于恐惧的回避。最后，本书体现了我与焦虑的儿童、青少年及其家庭一起为克服焦虑进行有效合作而逐渐形成的临床见解。正是这些努力克服困难、寻求改变的家庭，激励着我分享这些知识。

本书可以帮到谁

从轻度、偶然出现的恐惧到特别强烈的痛苦，都属于焦虑。重要的是，我们要知道无论焦虑有多严重，本书中提到的这些核心原则都能很好地改善这些情况。这意味着你的孩子即使没有焦虑障碍，也能从这些方法中获益。事实上，我写本书是为了帮助有不同程度焦虑的青少年从这些基本原则中获益。我们也了解到，不同类型的焦虑问题的核心特征是一致的，如行为回避，本书后文会提到这一点。

虽然本书旨在帮助 13 ～ 19 岁的青少年，并在应用这些技术的过程中考虑了青少年的发展，但本书中的原则同样适用于年轻人和老年人。9 ～ 12 岁孩子的父母也会发现本书很有用，因为这些孩子会经历很多与年龄大一些的青少年一样的应激源，他们的典型反应也是类似的。如果你的孩子年龄更小，你需要更多地帮助他运用这些原则。你可以使用奖励来帮助年幼的孩子学习本书中推荐的行为；而对于青少年来说，考虑到孩子必要的成长经历，父母在介入以提供帮助时，轻轻推一把就够了。

如果你认为你的孩子可能患有焦虑障碍，那么最好寻求专业帮助。虽然本书包含焦虑的青少年如何战胜恐惧的绝大部分内容，但它不能代替评估或治疗。患有某些类型焦虑障碍的青少年尤其需要听从临床的指导。例如，基于个人独特的强迫思维和冲动行为精心设计而成的 CBT 方案，对强迫症的治疗会有很好的效果。但是，无论你的孩子是否在接受治疗，你都能利用本书中的知识来了解孩子焦虑的发生机制，以及你能如何提供帮助。你的专业知识将会使情况大为改观。

如何使用本书

在你开始尝试改变之前，第一章和第二章为你提供了基础知识，帮助你了解关于青少年的焦虑。第一章分析了青春期是如何让青少年感到焦虑的，并讨论了焦虑在生物、认知和环境等方面的各种诱因。第二章阐述了哪些策略能真的缓解焦虑、哪些会适得其反。有了这个基础，你就可以运用这些策略来处理具体的问题了。

第三章到第七章深入探讨了青少年焦虑五种常见的明显表现：持续的担忧、过度回避、社交恐惧、完美主义和易怒。在某些情况下，这些问题甚至可能演变成持久的应对行为模式，我称之为焦虑风格。如果你的孩子已经发展出了一种根深蒂固的应对焦虑的方式，比如老是忧心忡忡，那么改变这一模式，以防止它持续到成年，这一点尤其重要。

这里的重点并不在于焦虑障碍的诊断与治疗。的确，无论焦虑的程度如何，所有存在焦虑问题的青少年处于焦虑状态时都可能陷入消极的思维和行为模式。事实上，对焦虑障碍的前沿研究和治疗已经表明：在各种焦虑障碍中都有一些共同的基本因素，以及针对这些因素的基本治疗方法。本书采用了相同的方法。

如果你的孩子老是忧心忡忡，请特别注意第三章，它描述了如何对抗担忧和消极思维。如果你的孩子一直回避挑战，你该怎么做？第四章对此进行了讨论。这一章很重要，因为回避行为作为一种应对机制在多种焦虑类别中都存在。第五章和第六章分别讨论了社交恐惧和完美主义的问题。如果你的孩子频繁易怒，并对压力反应过度的话，第七章会对你尤其有帮助。这几章都以一个讲述了特定问题的故事开始，并提供了一些策略，帮助你解决问题、教给孩子新的技能。

建议连续地阅读这些章节，这将丰富你对焦虑的理解，并拓宽你在关键策略上的知识。此外，了解一类焦虑问题往往对理解另一类焦虑问题有帮助。比如，如果你的孩子有社交恐惧，你可以从关于完美主义的章节中得到启示，因为有社交恐惧的青少年往往也是完美主义者。如果你的孩子总是忧心忡忡，他可能会回避很多困扰他的场景，所以阅读关于行为回避的章节会很有帮助。对这些问题出现的方式和相互作用的方式了解得越多，你就越能帮助到你的孩子。

许多青少年害怕焦虑引发的躯体变化，第八章解释了如何运用让身体和心理平静的方法解决这个问题。第九章则介绍了孩子生活中的一些“焦虑爆发点”，在如转学的这些时间里，他们可能特别容易陷入焦虑，我们会提供一些便捷的技巧，以应对这些情境。儿科医生会提供关于儿童早期发展的建议，以便于父母对孩子的问题进行监测，并在出现问题时进行解决；这一章讲述了如何用同样的思路来处理青少年所焦虑的问题，还讨论了如何识别和缓解焦虑障碍。第十章着重讨论了父母在陪伴焦虑的青少年成长过程中的情感旅程，以及如何让这个旅程对你和孩子来说都更加顺畅。这一章还提供了八项计划，以帮助你和孩子朝着健康、高适应力、远离痛苦的方向前进。

每一章都会提供一些小练习，以帮助你理解重要的概念。这些小练习都很简单，有些是简短的任务清单，有些会让你用日记记录你的想法，几分钟就可以完成。如果你想成为给孩子提供帮助的焦虑教练，所有这些小练习都特别重要。你越多地利用这些小练习学习一个技巧、应用一个概念，或者更好地理解孩子，本书对你来说就越生动，你的行动也会越有效。

谈一谈如何设定目标

你可以利用本书明显地改善孩子的生活，帮助他努力克服焦虑，对此我很有信心。不过，在阅读本书时，请一定设置切合实际的目标。焦虑是人类正常的、适应性的反应。我们并不希望彻底消灭它，我们要做的是识别焦虑如何在孩子生活中造成过多的痛苦和功能失调，然后努力缓解。虽然你不能彻底消除青少年的焦虑，但你的引导、赞扬和指引将大大帮助孩子克服恐惧。改变需要时间，请不要气馁，而且请记住：每一个小小的改变都很重要。

第一章

青少年与焦虑：一场完美主义的风暴

理解焦虑和青少年恐惧的独特本质

迈克尔总是为一些事担心，即使这些事情很小。他经常需要安慰，但他感觉稍微好一点儿的状态似乎无法持久。有时候他觉得一切都糟透了。我希望他能更放松一些。

马德琳是一个非常优秀的孩子。她真的很努力，她会把她的作业做到完美，否则不会停下来。无论考多少分，她都觉得自己不够好。最近她总是为了学校的事情哭泣，我觉得她的压力越来越大了。

奥利维娅很担心自己的表现会很愚蠢。我希望她不要那么在意他人对她的看法，她已经到了避免让自己引起任何关注的地步。她不愿意参加音乐剧演出时，我真的很伤心，因为我知道她其实很想参加。

埃米在她感到害怕时会断然拒绝做任何事情。她对去看足球比赛感到不安，然后就不去了。在考试的那天，她抱怨说自己感觉不舒服，就没有去考试。我如何打破这个模式呢?

约翰总是把他的压力发泄在全家人的头上。他会对一切小事反应过度，对弟弟大发脾气。前几天他甚至情绪崩溃了。有时候我们绞尽脑汁，却根本不知道该怎么做。

焦虑的深远影响

正如上述这些例子，这些青少年全都遇到了不同形式的焦虑问题，每一种焦虑都有其独特的困难。现如今，焦虑已经成了一个普遍且日益严重的问题。据估计，目前美国大约 20% 的青少年患有临床的焦虑障碍。事实上，这是童年时期最普遍的精神障碍。无数青少年每天也都在日常的压力和担忧中挣扎，这已经对他们的生活产生了深远的影响。

青少年焦虑的危害

没有人会比你更清楚焦虑给你的孩子带来多大的伤害，它会影响你孩子的学业、家庭生活、同伴关系和整体的情绪状态。焦虑的青少年往往无法集中注意力学习，因此影响学业和成绩，他们可能变得易怒、压力过大，或者出现更糟糕的结果——经历严重的惊恐发作。社交焦虑的孩子往往不想承担社交风险，从而变得更加孤独。当这些无助的青少年想要通过自我治疗来缓解不适时，焦虑又会引发药物滥用的问题。

焦虑的长期影响会变得更加明显。为了努力保持安全感，焦虑的青少年往往会回避尝试新的挑战，也会回避承担正常人可以接受的风险。随着时间的推移，这种回避模式会严重影响他们的身份认同、自信心和技能发展。严重的回避行为甚至会让青少年偏离正常的发展道路，在生活的重要领域落后于同龄人。

一旦焦虑发展成严重的焦虑障碍，青少年就会有患上其他精神疾病，尤其是抑郁症的风险。最糟糕的是，如果青少年的焦虑没有得到控制，就有可能发展成为慢性焦虑障碍，这种疾病会持续到成年，并对人际关系、工作和生活质量产生长远的影响。

青少年面临着诸多类型的焦虑

青少年的焦虑会以不同的方式呈现出来。很多青少年对自己遇到的问题忧心忡忡。你可能注意到你的孩子好像对每一件小事都很担心，小挫败会被放大成令人难以置信的巨大挫折。焦虑的青少年们总是会思考很多关于未来的问题，比如“万一……”的问题，而且很难忍受不确定的情况。他们的恐惧也在表达着他们的焦虑。他们保持警惕，防范着外界的威胁，并回避他们认为有潜在危险的情境。

青少年在看待自己和想象他人如何看待自己方面往往充满了

焦虑。社交焦虑尤其可能在青春期出现，因为青少年总想避免尴尬。完美主义也困扰着许多青少年：无论他们多么努力，他们总觉得自己所做的一切都还不够好。通常情况下，青少年易怒的情绪和行为可能都在表达着他们的焦虑。

尽管焦虑有很多种表现形式，但大多数焦虑的人有两个共同点：一是放大感知到的危险，二是想用尽可能减少危险的方式来应对问题。

焦虑从何而来

我们都曾经历过焦虑，但可能不会停下来思考焦虑的来源。这种情绪似乎与恐惧很像，确实如此，因为两种情绪都让人有一种我们处于危险之中的感觉。然而，恐惧是对真实威胁的直接反应，是一种由生物本能驱动的生存反应，就像碰到烫的东西时，我们会本能地缩回手。举个例子，当看到一辆汽车向我们飞驰而来时，我们会立马跳开，而不用花很多时间思考。我们只是在这一瞬间采取了适应性的行动，是恐惧感帮助我们做到了这一点。焦虑则更为复杂。焦虑从本质上来看就像一床被子，把很多不同的焦虑源缝在了一起。

焦虑的生物学基础

焦虑是我们体内的警报系统，通知我们危险就在眼前，而我们必须做好准备。这种焦虑很健康，也很必要，因为我们都需要这种对危险的适应性反应。否则，我们就可能对周遭的环境没有那么警觉了。科学家认为，我们通过进化过程发展出了这种应对危险的内在感受器。换句话说，焦虑的发展是为了帮助我们生存。

你可能听说过人类进化过程中产生的一种生理机制——战斗-逃跑反应。在我们感受到生存受到威胁的情境下，这一反应会被触发，一连串的化学物质会引发我们身体的变化，让我们为战斗或逃跑做好准备。身体状态的这种变化可能会产生令人不愉快的副作用：胃痛、头晕、出汗等不舒服的感觉。现如今的问题是，我们已不用再面对丛林中的野兽，但我们体内的警报系统仍然很容易被触发。例如，我们大多数人都有过这样的体验：当不得不在课堂上做报告时，我们开始心跳加速，手掌出汗。尽管我们并没有真的处于危险当中，但我们的身体已经进入了全面警戒状态。

有些人天生就更容易焦虑，这意味着焦虑障碍可能存在家族遗传的现象。值得注意的是，如果父母被诊断患有焦虑障碍，那么孩子患焦虑障碍的概率比父母没有焦虑障碍的孩子高七倍。孩子不会直接遗传父母某种特定的焦虑障碍，但可能会有更容易敏感和产生恐惧的倾向，并更容易出现负面情绪。被遗传了这种易感性的孩子很少会在成长过程中自然好转，因此，随着时间的推移，他们可能会发展成严重的焦虑障碍。

焦虑的认知触发点

基本上，焦虑是对未来可能发生事件的恐惧或紧张，尤其是对那些自己感觉有威胁或危险的事情。这种忧虑不安是一个认知过程，可以通过我们对情景的特定感知被触发。请记住，认为什么事情危险是因人而异的，而且非常主观。有些人对危险的看法是基于现实生活中的危险，如对飞机坠落的恐惧；而有些人对恐惧的看法则更抽象、更主观，如社交恐惧。但是，即使焦虑想法的威力再大，它也是我们最容易掌控的焦虑状况。我们稍后会再讨论这个问题。

焦虑的行为触发点

人们会很自然地认为焦虑行为是焦虑本身的一部分，这当然是正确的。然而事实上，焦虑行为也会引发焦虑感受。当人们试图反复回避令他们恐惧的事物时，就会发生这种情况。回避令人恐惧的情景缓解了焦虑，但随着时间推移，这会引发更多的焦虑。如果不直面自己的恐惧，人们永远不会知道他们恐惧的事情并没有想象的那么糟糕。因此，焦虑一部分是由这样一种学习过程引发的：我学习到回避可以让我暂时感觉好一些，但我并不知道，直面那些不真实的恐惧并非像我担心的那样危险或令人难以忍受。

焦虑的生理触发点

与我们的想法和行为一样，焦虑的躯体症状既是焦虑的一个组成部分，也往往是进一步产生焦虑的诱因。当经历突发的恐惧事件时，我们会有胃痛、心率加快、呼吸急促等不舒服的躯体感觉。同样，这些症状在生物学上与战斗-逃跑反应有关。焦虑可以触发同样的躯体感觉，并且我们对这些躯体症状的解释方式也会让这些感觉持续。

人们经常把焦虑的躯体表现误以为是躯体疾病，这一想法会触发更多的焦虑。例如，一个青少年担心自己可能生病了，但实际上只不过是他的焦虑状态引发了胃部的不适。如果这些躯体变化十分严重，像是感觉无法呼吸，这时我们可能会认为自己处于巨大的危险当中，这会诱发更多的焦虑。

无休止的焦虑循环

在认知、生理和行为对焦虑情绪的多重影响中，每一种都会让焦虑本身加剧。然而，更重要的是，在恶性循环中，焦虑的所有诱因相互作用，加剧了不适感。例如，焦虑的想法触发了焦虑的感受和不舒服的躯体感觉，进而产生了更多的行为回避；而行为回避会引发更多焦虑的想法，因为我们没有直面自身的恐惧，如图 1.1。

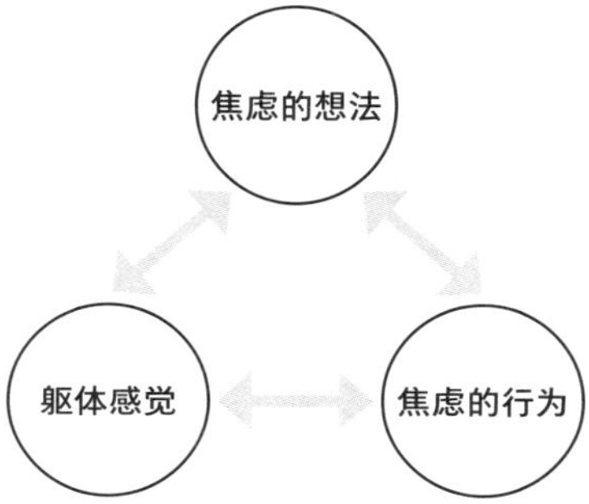

图 1.1 恶性循环：想法、躯体感觉和行为相互作用使焦虑加剧

一个 17 岁的孩子第一次经历惊恐发作，想法、躯体感觉和行为相互作用，从而加剧焦虑时，可能会有如下表现：

- **躯体症状：**突然感觉头晕目眩、呼吸急促
- **想法：**我无法呼吸了，我可能会在大家面前晕倒
- **感受：**十分焦虑
- **行为：**回避那些让他有惊恐体验的情景
- **下一个想法：**只要我回避特定的场所，我就是安全的，否则就会有一些非常糟糕、尴尬的事情发生在我身上
- **下一个躯体症状：**当进入“危险”的场景时，眩晕感和躯体上的不适增加
- **下一个感受：**每次回避后都感到放松，但再进入吓人的场景时会产生更加强烈的焦虑和惊恐
- **下一个行为：**回避行为持续并增加

小练习

孩子的焦虑循环

试着想想你孩子焦虑时的想法、躯体感觉和行为是如何让他陷入焦虑循环的。什么想法可能会触发焦虑的感受？你的孩子会用什么行为应对这些感受？这些行为会触发新的想法和新的行为吗？请写下你所发现的事情。做这项练习可以帮助你识别青少年焦虑的不同组成部分，并让你看到这些组成部分如何相互作用。保存好这部分信息，以便日后帮助孩子改变他的焦虑想法和行为。

为什么青少年更容易焦虑

在青春期这个关键的人生阶段，什么事情会让你的孩子如此焦虑？青春期是大脑发育、激素变化、身份认同形成和压力增加的活跃期。进一步了解了这些因素以后，请记住这些信息，当你试图帮助孩子时，这些信息会让你更能觉察到是什么引发了他的焦虑。

孩子的大脑正在自行重塑

你知道吗？大脑在青春期会经历显著的变化，启动一个持续到成年初期的重塑过程。在 12 ～ 19 岁期间，大脑中负责逻辑和判断的区域——额叶皮层会经历快速的生长。在青春期，大脑还会经历一段时间的重组，包括某些特定神经连接的脱落、另一些神经连接的加强，以及大脑结构的不断生长和变化。大脑的这种变化对青少年的行为既有积极的影响，也有消极的影响。

积极的一面是，随着额叶皮层和大脑连接的不断发育，青少年会表现出更好的学习以及抽象推理的能力。这时，他们会解决更深层次的问题，比如发展自己的身份认同、制订人生目标。这也能解释为什么你的孩子在这时变成了辩论家，喜欢质疑你的观点。与成年人相比，青少年就像海绵一样，在这段时间里会以更快的速度获取信息。

然而，青少年的大脑尽管在不断发育，但直到 25 岁左右才算完全成熟。此外，负责规划和冲动控制的脑区是最后成熟的。所有这些对青少年来说都意味着：影响情绪控制的认知技能（如计划、冲动控制和判断力）仍然在不断发展。因此，青少年的理智仍然很容易受情绪干扰。事实上，青少年的喜怒无常以前被认为是激素变化的结果，现在则被认为是大脑正在发育的表现。此外，青少年大脑中的认知变化会提升他们抽象思维的能力，遗憾的是，这也让他们更擅长预测负面事件发生的可能性。这些会为你的孩子带来什么呢？答案是很多的焦虑和疑惑。

孩子的身体正在发生变化

大脑发生变化的同时，其他重要的生物学变化也在发生。青少年时期以青春期的发育为起始。在青春期，激素和大脑的变化会让感觉变得更加强烈。青春期的身体变化通常会带来不适和不安全感。青少年睡眠模式的生物变化会使青少年更难入睡和醒来，这也会对情绪产生影响。

最关键的是，儿童从父母那里遗传的某些基因往往会在青春期被激活。因此，如果你或你的亲人遗传了某种程度的焦虑，那么你的孩子在青春期可能也会开始表现出一些生理驱动下的易感性。一些焦虑障碍通常在青春期被诊断出来，部分原因也在于此。

孩子的身份认同在不断发展

对于所有的青少年来说，寻求身份认同都是一项重要的任务，如何融入社会也是他们最关心的身份认同问题，无论他们是否正在经历巨大的焦虑情绪。在青春期，青少年觉得他们在世界上的地位取决于他们朋友的类型和数量，所以很在意自己在别人眼中的形象，并且想知道自己是否足够受欢迎或足够酷。

在这样的压力下，容易焦虑的青少年会对社会威胁特别敏感，总是不停审视社会环境，以避免不小心“踩到地雷”。他们不停地检查自己是否说了正确的话，是否穿了合适的衣服，这种高强度的自我审视既会加剧社交焦虑，也会加剧整体上的焦虑感。因此，焦虑障碍中最常见的类型之一是社交焦虑障碍这一点就不足为奇了。

正在形成身份认同的青少年也会开始对自己的行为表现产生恐惧。很多青少年会担心自己无法达成目标，也有一些青少年在长大成人的过程中会形成错误的认知——自己做的每件事情都必须完美。这些都给青少年带来了巨大的压力，他们可能需要花额外的时间弄清楚自己的身份、扩展自己的技能，或者只是需要时间变得成熟。

孩子面临着高压力和高期待

既然青少年正处于认知、社交和生理方面巨大的变化之中，那么我们能让他们休息一下，以便他们的生活暂时轻松一点儿吗？不能！因为焦虑会再次抬头。青少年有太多新的压力要面对，这些压力很快就会让他们难以承受。

在此期间，学业要求是最普遍的焦虑来源。很多青少年担心自己不能取得好成绩，认为“普通”成绩是糟糕的，并将考试成绩作为衡量自身价值的重要标准。青少年也经常感受到时间压力，担心自己无法把所有事情都做完。这种感觉一部分来自他们的焦虑，另一部分来自这一代青少年的真实负担：他们的作业太多，而且生活相当忙碌。

除了更大的压力，青少年也面对着来自他人更高的期望。父母、老师、教练和大学都对这一代寄予厚望。青少年不仅要迅速地同时应对多重责任，还要在所有责任中表现出色。遗憾的是，这些要求有时超出了他们的应对能力。

青少年内化了这些高期待，并将同等的，甚至更高的压力施加在自己身上，要求自己做得很好。他们担心会被同学落下，也担心父母会对他们的表现失望。还有一些孩子认为所有的一切——他们的整个人生都取决于他们现在的表现，而他们甚至还没有充分建立起面对生活挑战的自信，这正是焦虑迅速膨胀的原因之一。

帮助孩子缓解焦虑时的绊脚石

本章我们从发展的角度分析了青少年焦虑的源头，在考虑着手解决焦虑问题之前，我们还要考虑青少年的成长对他们与父母之间关系的影响。以下是你试图帮助孩子缓解焦虑时可能遇到的一些绊脚石。

孩子很少再对你敞开心扉了

很多家长都很困惑：为什么我的孩子突然不愿意和我交谈了？以前我们经常聊天，现在他只会待在自己的房间里。这一行为是寻求独立的表现，在青少年的成长过程中很正常。然而，这一变化让你很难了解你的孩子到底怎么了。当你询问他最近怎么样时，他往往只会说“挺好”。想要了解他头脑中在想什么变得更加困难，包括他是否感觉焦虑。你会注意到一些问题的迹象，但是——

孩子会隐藏焦虑

很多青少年在默默地承受痛苦，他们展示出的平静外表掩盖了他们所感受到的紧张。他们让自己表现得很好，直到压力过大、无法应对的情况出现，他们的焦虑才爆发出来。隐藏的紧张和担忧不断积累，却没有足够的渠道发泄，这样往往会使焦虑加剧，也会让父母很难在早期实施干预，以预防青少年的焦虑加剧。当在孩子身上发现痛苦的迹象时，你试图介入，但是——

孩子会抗拒你的参与

通常，当你试着帮助孩子处理他的困扰时，你会遭到强烈的抵制。你的孩子希望能够更加独立，有时更喜欢用自己的方式处理问题。事实上，随着他推理能力的不断提升，他会开始质疑一切，包括你的建议。在很多情况下，青少年都不觉得父母能理解他们正在经历什么。事实可能的确如此，因为青少年的焦虑是极其主观的，而且相比于小时候，父母对青少年生活中发生的事情知道的要少得多。所以，当你建议孩子和一个他两年没联系的朋友吃个饭时，他会惊恐地看着你——你怎么会如此知之甚少！你试着鼓励他直面恐惧，但是——

孩子经常回避挑战

当孩子还在蹒跚学步时，如果上学第一天他不想去幼儿园，我们可以把他抱起来，带他去面对，帮助他克服恐惧，但现在，孩子抱起来可重多了！

青少年十分擅长回避他们不想面对的挑战，而且他们的回避往往不为人所知。他们可能因为害怕做出一些尴尬的事情而不去参加某场试演，而我们有时甚至不知道有这样一个试演的机会。他们因为焦虑而回避学习，而我们可能会错认为他们在偷懒。即使你知道孩子在回避，想让他不再回避也很困难，你不能强迫他去某个地方或者做某些事情。在青少年时期，回避尤其难以克服。

下一步该怎么做

现在我们可以清晰地看到焦虑的青少年所面临的许多负担，以及为什么有时我们难以对他们进行干预并给他们提供帮助。但别灰心，你很快就会学到一些帮助他们缓解焦虑的好方法，这些方法充分考虑了他所面临的挑战和常见的沟通障碍，而且你的孩子也可以发挥个人优势来配合你提供的帮助。

在你往后面阅读时，请记住这些关于青少年成长的信息以及影响青少年压力和焦虑的因素，这将让你更能了解孩子所表达的恐惧的来龙去脉，帮助你用恰当的方式进行干预。在下一章中，你将了解在应对焦虑的青少年时哪些策略特别有用。青少年时期虽然是焦虑频发的时期，但也包含可能适合采取行动的时机。让我们开始创造积极的变化。

第二章

焦虑青少年的基本养育要点

缓解青少年焦虑的无效策略与有效策略

本章旨在帮助你区分真正缓解焦虑的策略和往往效果不佳，甚至适得其反、使焦虑加剧的策略。对焦虑的前沿研究和治疗表明，尽管焦虑在不同问题上的表现方式存在差异，但所有种类适应不良的焦虑都有一些使症状持续的核心特征。把这些特征作为处理对象，我们可以最大限度地缓解焦虑。因此，无论你的孩子表现出哪种类型的焦虑，学习普遍有效的焦虑管理原则将帮助你建立缓解焦虑的良好基础。

缓解焦虑的无效策略

大多数父母都曾使用过这样那样的策略，但这些策略似乎并不能有效减轻孩子的焦虑。事实上，你读本书可能也是为了找到一种新的、更有效的方法来应对这些恐惧。你的孩子可能也尝试过一些应对策略，但没有什么效果，对此你和孩子都无须感到自责，因为这种焦虑确实很麻烦。正如我们在第一章讨论的那样，焦虑情绪有多种来源。此外，有些策略虽然在短期内有效，但从长远来看可能并不能产生缓解焦虑的预期效果。现在，我们可以将焦虑看作一个陷阱，它让你和孩子一直存在一些导致焦虑加剧的行为。

以下是一些无法有效缓解焦虑的常见策略。

告诉孩子别再想了

这是焦虑不断袭来时家长的一种非常普遍而又自然的反应。也许有时事情真的很糟糕，你的孩子可能会告诉你他的担忧，然后你会试着鼓励他放下恐惧，但他的担忧不会改变，他还是一遍又一遍地不停表达焦虑。你希望孩子好起来，或者你对他反复的抱怨感到有点儿恼火，于是最后你说："你别再想了。"

这种方法的问题在于我们无法直接抑制自己的恐惧，恐惧并非那么容易消除。事实上，这个建议可能会产生相反的效果。哈佛大学心理学家丹尼尔·韦格纳（Daniel Wegner）进行了一项有趣的研究，他要求受试者在实验中不要想到白熊，随后让他们在脑海中刻意地保留关于白熊的想法。他和同事们发现，当受试者试图压抑有关白熊的想法时，这些想法往往不会减少，反而会迅速变得更多。

近年来越来越多的研究也证实，我们无法压抑自己的想法。当一个青少年试图抑制引起焦虑的想法时，那些可怕的想法会出现得更加频繁、明显。其实，让想法"松动"的成功策略通常是反直觉的。如果试着去想别的事情，最终你会想它想得越来越多；但如果试着尽可能多去想它，你往往会想得越来越少！我经常引导来找我缓解焦虑的儿童和青少年做“想一想红色羊”这个有趣的练习，以帮助他们认识这种现象。你也来试试吧。

小练习

想一想红色羊

想象一下，在有许多白色羊的羊群中有一只红色羊。请注意这种红色在白色羊群的衬托下有多么显眼。这只羊是哪一种特别的红色呢？现在你的脑海里有了一个生动的形象，让我们来尝试一些新东西。当我说“开始”时，请尽你最大的努力，在五分钟之内不要想到这只红色羊。尽你所能不去想红色羊，忘掉它。现在——开始！

你注意到了什么？我敢打赌你一定会注意到，不管你多么努力不去想那只红色羊，它都会在你脑海中闪现！

现在尝试另一个实验，尽你最大的努力去一直想红色羊。反复默念，绝不让它离开你的脑海，尽可能地坚持下去……红色羊，红色羊，红色羊，红色羊……坚持下去。

你觉察到了什么？你是不是开始感觉肚子饿了，或者想起来自己忘记了什么事情？请注意，我们越是试图在脑海中记住一个想法，就越难抓住它。我们迟早会把注意力集中到别的事情上。

给出建议

大多数父母都会自然而然地将他们的智慧传授给面临挑战的青少年，但涉及焦虑时，这些建议很少奏效，为什么呢？有很多原因。第一，你给出建议通常是在孩子焦虑最严重的时候，但在这段时间里，他甚至无法处理这些建议。父母也会在没有充分跟孩子共情的情况下给出建议，这会在无意中让孩子觉得自己的感受并不重要。尤其在父母要求孩子迅速做出改变，而孩子可能对此毫无准备时，这种情况尤其会发生。第二，在给予建议时，父母很少考虑到恐惧是高度主观的。父母自然是希望尽快消除青少年对威胁的感知，但有时候，这些建议完全避开了重点，忽视了青少年感知情境的独特方式。例如，考试焦虑可能是因为害怕表现不完美、让老师失望、同龄人对自己的否定、时间不够用等等。父母必须与青少年交流，先理解为什么某种情景对孩子来说如此危险，这样才能从孩子的角度帮助他们对抗焦虑。

最重要的是，青少年还处在重视独立的成长阶段，他们往往拒绝接受建议。父母越是试图控制孩子，说服孩子不要焦虑，孩子就越可能不想做出回应。最后也是最重要的一点，给孩子建议往往是在告诉青少年应该想什么、做什么，但并没有教会青少年在焦虑的情绪下如何思考和行为。正如将在本章后面讨论的那样，青少年在学会应对焦虑的一些系统的思考和行为方式后表现是最好的，无论具体的恐惧是什么。家长们可以帮助孩子学习这些新的知识，但他们不可能一直当引路人。

放任孩子回避恐惧

当孩子受到焦虑的侵袭时，几乎所有的父母都开始调整自己的行为，以减轻青少年的焦虑。我们常做的事情是帮助青少年回避对他们有威胁的情境。例如，父母可能代替有社交焦虑的青少年与他们的教练交谈，或者为害怕沾染细菌的青少年转动门把手。父母很难与这种回避的冲动对抗，因为青少年在痛苦时会非常固执，而回避会让他们得到一些缓解，即使仅仅是暂时的。但是，渐渐地，家长们就会越来越多地改变自己的行为和家庭惯例，以帮助他们的孩子避免焦虑。

放任孩子回避虽然可以暂时消除焦虑，但对孩子会有很大的负面影响。从短期来看，它会降低孩子应对焦虑的诱因、处理焦虑感受的能力。比如，如果家长放任有考试焦虑的孩子在考试那天待在家里，那么孩子既无法学会如何应对下一次的考试，也无法学会如何成功地处理焦虑的感受。

从长远来看，越逃避就越会被困在焦虑当中，因为通过逃避的方式，青少年无法认识到他们所回避的情况其实并不那么危险或无法忍受。另一个问题是，任何得到奖励的行为都会自然而然地更频繁地发生。回避这种行为往往会得到奖励，因为回避害怕的事情会带来极大的解脱的感觉。回避的青少年也可能会在无意中间接体验到一些好处，比如获得关注或环境中的其他压力源的消失。归根结底，回避是一种让焦虑持续存在的无效应对策略。

小练习

我的孩子是如何回避的？

想一想，你的孩子是否有一些行为促使你改变了自己的行为，让你做了某些事情或没有做某些事情，好让他回避焦虑的情绪？他是否要求你为他做些事情来帮助他回避？他是否在通过家庭规则的改变来帮助他回避？他是否要求你和他待在一起来帮助他回避？写下你所注意到的信息并保存，以备将来使用。在第四章中，你将学习如何系统地减少青少年的回避行为。

给予过多安慰

对所有父母来说，安慰孩子“一切都很好，你很安全”是再自然不过的。如果你的孩子是正在经历长期焦虑的青少年，他可能会经常用各种方式问你“我会好起来吗？”，他依赖这些安慰来缓解焦虑。然而，我们在治疗这些焦虑的孩子时发现，过多的安慰实际上无助于缓解持续的焦虑。事实上，它会让事情变得更糟！

为什么会这样呢？你可以把焦虑想象成一个连锁反应，其中包含了焦虑诱因（让我们焦虑的事情）和焦虑反应（焦虑时我们会如何做）。当焦虑情绪被触发时，我们的焦虑程度会迅速上升，我们会想方设法减少焦虑情绪。安慰会让焦虑情绪立刻缓解，这会强化寻求安慰的行为，并让我们在下一次也想求助于它。然而，消除痛苦是一种回避，正如前面所提到的，这会加剧恐惧。通过这类回避，青少年永远无法知道他们有能力忍受被安慰带走的焦虑。

家长们很快就会意识到，反复的安慰并不能长久地消除焦虑——焦虑诱因会让焦虑再次突然出现。除此之外，人们对安慰的需求并不会随着时间的推移而减少，反而会不断增加。很明显，从长远来看，能够快速解决问题的方法会让问题变得更糟！

你可能会想："如果我的孩子确实是因为不了解事实才错误地感知到环境很危险怎么办？"少量的安慰是可以的，尤其是当它能消除纠正青少年对某事的误解时。例如，一个因惊恐发作而经历心跳加速和眩晕的青少年需要安慰，我们可以告诉他这些躯体症状并不危险，它们只是急性焦虑的一种表现。一旦孩子通过你的安慰知道了这些，纠正了自己的误解和错误感知之后，你就要注意不要再回答性质相同的问题了。与其每天回答换汤不换药的"万一……"这类问题，倒不如让孩子意识到你们都需要拒绝再玩那些只会加深恐惧的安慰游戏。在做出这一改变之前，让孩子知道你会逐渐减少对他的安慰，并表示对他克服不确定性的能力有信心。

小练习

哪些方法是没用的？

现在，你已经了解了一些无法减轻焦虑的常见策略，回想一下你所做过的尝试，你注意到了什么？

- ○ 我让孩子别再想了
- ○ 我过快地给出了建议
- ○ 我掉入了回避的陷阱
- ○ 我掉入了安慰的陷阱

现在问你自己下列问题，仔细考虑这些策略所带来的结果将有助于你决定是否改变策略。

- ○ 我在上述列表中钩选的这几个策略会带来什么结果
- ○ 我的这些策略有效吗？如果有效果，它的效果如何，多久奏效一次
- ○ 我的策略是否只在短期有一点儿帮助，而且还远远不够
- ○ 它是否根本不起作用，甚至适得其反，让我的孩子更加焦虑

真正有效的养育策略

尽管父母在帮助孩子缓解焦虑时可能会遇到陷阱，但学习和实施真正被孩子接受并对他们产生影响的策略永远都不晚。接下来所描述的策略都是相互作用的，共同使用会取得更好的效果。之后，这些策略会成为你工具箱中用来帮助焦虑的青少年解决特定问题的常用工具。

纠正之前先建立连接

即使父母对孩子面对可怕挑战时的应对能力表示有信心，但孩子如果觉得父母不理解他们正在经历的事情，通常会拒绝这些建议。例如，如果家长一开始就说“不要害怕，没那么糟糕”，这会让青少年在不知不觉中觉得父母根本不理解自己。为了帮助青少年，我们首先必须弥合沟通上的鸿沟，与他们建立连接。

当孩子处于焦虑状态时，你可以通过共情和积极倾听这两种关键方法与他建立连接。共情意味着设身处地为青少年着想，理解他可能会有的感受。积极倾听意味着向他反馈你从他那里听到的内容，以确保你的理解是正确的。这样做的目的不是为了改变孩子对他当前处境的看法，而是表明你真正理解他的想法和感受。

下面这个例子中，家长同时表现出了共情和积极倾听，以表达他理解孩子的担忧：

青少年：我试图修改这项作业，但现在它毁了！如果老师给我一个糟糕的分数怎么办？我的得分至少要到80分，否则我的平均成绩就太低了！

家长：你好像真的很担心自己犯大错而影响成绩，你对此一定非常担忧。

即使你认为孩子的恐惧被夸大了或完全没有根据，或者孩子的行为正在屈服于恐惧，你也应该共情和积极倾听。通过对孩子感同身受和表达理解，孩子会更愿意对你敞开心扉，让你帮助他。

将焦虑外化，并与之对话

减轻焦虑的一个好方法是首先把焦虑外化为一种与你自己分离的东西，然后跟它对话，告诉焦虑你不会相信它的把戏。这种简单的策略就像一套组合拳，有助于我们更容易地挑战和克服焦虑。例如，青少年与其认为自己当下不能处理某件事情，不如对自己说："是焦虑让我觉得这太难处理了，但我不必相信它的把戏。"

有时，给焦虑起一个个性化的昵称会有帮助，如果你愿意，还可以加上一张图片。通常，年幼些的孩子会更喜欢个性化的昵称，但可以让孩子决定什么适合他、选择他想要的方式去称呼他的焦虑。除了可以直白地取名为"焦虑"，还可以选择其他可能的名字，包括"恐惧""担忧""挥之不去的想法""垃圾邮件"

以及任何他想起的名字。我经常建议青少年尝试使用首字母缩写。例如，一个青少年想把他的焦虑称为“OTT”，因为他“过度恐惧”（over-the-top fear）了！

一旦孩子决定了怎么称呼他的焦虑，我们就要鼓励他驳斥脑海中的焦虑想法，目标是尽量少听从于它，多关注自己此刻想做的事情。如果孩子真的陷入困境，在他的允许下，你也可以帮助他驳斥焦虑想法。焦虑通常也会让我们把注意力集中在生活中并不重要的事情上，对焦虑进行反击是为了发现它背后的真相——虚惊一场。

与孩子一起应对

焦虑往往会让青少年和父母以双方都不想看到的方式相互对立，这通常发生在青少年回避重要的事情而父母又希望他们面对时。例如，他们可能会回避父母希望他们参加的社交、学业或体育活动。这种情况下，父母通常会与他们的孩子争论这种行为，并坚持要求他们做出改变，但我们不能仅仅要求焦虑消失，如果这样，青少年往往会固执地拒绝让步，并继续做出回避的行为。

与孩子一起应对，意味着让孩子看到你们双方是站在同一战线去对抗焦虑的。把焦虑而非孩子的行为定义为问题，将它看作对手；然后鼓励孩子与你一起应对，一起战胜焦虑。使用这种策略对父母和青少年的好处是，孩子不会因为焦虑时的行为受到指责。这样一来，当你给出建议时，他会更愿意接受。

同样，父母也可以像孩子一样，通过外化焦虑并将焦虑看作对手，有效地与之对抗。比如，如果家长说："你不能因为心烦意乱而错过活动，别那么固执了，跟我们一起去吧。"这就是一个无效的回应，一个更有效的回应方式是"我看到焦虑让你陷入困境，让我们来看看如何共同努力，阻止焦虑让你错过活动"。现在，罪魁祸首不再是孩子，而是你和孩子要共同努力去击败的对手——焦虑。

帮助孩子挑战消极思维

本书的一个关键前提，同样也是认知行为理论的一个关键前提在于，焦虑在很大程度上是由我们感知事件的特定和错误的方式引起的。焦虑的青少年往往会放大实际情况的危险程度，这是因为焦虑的想法往往包含一些"思维错误"——一些会引发焦虑的、不现实的消极思维模式。下面列出的思维错误是由艾伦·T.贝克提出的，戴维·D.伯恩斯（David D. Burns）对其进行了推广，他们两个都是CBT理论的先驱。

常见思维错误

"全或无"思维：看事情非黑即白，认为事情不是好的就是坏的，不是完美的就是失败的

心理过滤器：只能注意到负面信息

否定积极事件：完全忽略了积极事件的发生

揣测他人心理（mind reading）：没有证据就直接认为别人对你持消极看法

灾难化： 担心最糟糕的事情发生

过度概括化： 基于单一事件或单一证据得出过于宽泛的结论，特别是把单一事件看作持续失败模式的标志

我们所有人都有可能会犯这些思维错误，然而，克服这些想法并不容易，因为我们往往意识不到自己正在犯这类错误。为了帮助孩子减少焦虑，你首先要引导他注意那些引发焦虑的想法，然后帮助他评估这些想法。我们可以提一个问题来评估想法：支持和反对这一想法的证据是什么？这个问题会直接帮助人们检验想法是否有缺陷，然后我们可以利用这些信息，鼓励孩子进行更多切合实际的思考。

青少年往往会抗拒接受父母对自己没有正确看待事情的善意提醒。因此，为了让孩子接受建议、挑战错误思维，最好用苏格拉底提问法，这种提问法是基于希腊哲学家苏格拉底为激发批判性思维而开创的一种探究形式。它不是告诉孩子该怎么想，而是通过提问来引出负面或焦虑的想法。一旦明确了孩子具体的担忧，就可以用它们来克服消极想法，甚至可以鼓励孩子相信他能解决这些问题。例如，如果孩子认为会出现所有可能中的最坏结果（灾难化），你可以说："情况有没有可能并不像看起来那么糟糕呢？"以下问题可能会有所帮助。

识别和挑战焦虑想法的苏格拉底提问法

- 你的恐惧在表达着什么信息
- 什么让你担忧

- 你所担心的事有没有可能并不是真的
- 你是否在害怕最糟糕的情况
- 除此之外，还有可能发生什么情况
- 有没有看待这件事的其他方式
- 情况会不会没有看起来那么糟糕
- 你是否忽略了这件事的一些积极的方面
- 如果你所害怕的事情真的发生了，有没有可能并不像你想的那么严重，或者是你能够应对的

苏格拉底提问法有几个一般原则：一、千万不要过度，就像放盐一样，你总可以稍后再一点点强调。二、温和的语气很重要，因为苛刻的表达会很快切断交流。给孩子一个机会，让他思考一两个问题，并以不同的角度来看待他的想法。关键是要温和地提问，而不是直接给建议，要允许孩子自己识别并挑战这种担忧。在后面的章节中，你将学到如何将这一策略应用于各种各样的忧虑情况中，从回避行为到完美主义，从社交恐惧到压力体验。无论担忧的内容是什么，这个策略都会提示孩子不要按表面想法接受自己的担忧。

回到问题的解决上来

你的孩子如果正在与现实生活中的问题做斗争，那就开始冷静地解决问题，而不是去纠正错误的思维。在孩子确定某个问题无法解决之前，先引导他找到所有可能的解决方案；然后让他在

放弃方案之前评估每个方案的优点；最后，鼓励他选择一个方案，并付诸行动！这种解决问题的方法会要求孩子在高度情绪化的情境下使用逻辑思考，这也自然而然地减轻了这些问题在他心中的严重程度。例如周末，孩子在发现他把很重要的作业要求和做了一半的作业落在了学校的储物柜里后变得非常沮丧。他马上想象到了自己成绩不及格，生活将会被毁掉的结果。他的父母引导他一起开展头脑风暴，思考此时可以做些什么，包括看看是否有人能让他进入学校、给朋友打电话询问作业要求、给老师发邮件求助、下周一向老师申请延期，或者接受迟交作业的小处罚。通过识别不同的可能性，甚至是不那么完美的可能性，他会认识到问题是可解决的，而不是灾难性的。

关注非焦虑行为

确实有一种简单有效的方法可以减少青少年的焦虑行为，而且这一方法甚至不需要孩子的参与：改变你回应孩子焦虑行为的方式。焦虑行为往往会吸引大量的关注，这无形中会产生一种强化作用。这意味着关注度增加会奖励焦虑行为，会让焦虑在未来更容易发生。你的孩子并没有故意通过变得焦虑来获得关注，但焦虑行为确实会被强化。如果对孩子的非焦虑行为给予更多关注，你就扭转了局势，对焦虑的奖励也就变少了。请记住这个重要的规则：将更多的关注放在希望增多的行为上，而不是在那些你想减少的行为上。

在实践时，你可以通过觉察并关注孩子表现出的非焦虑行为，尤其是勇敢的行为来做到这些，例如：

- 当孩子做出冷静的行为时，给予更多关注
- 尽快识别出孩子做出的冷静行为
- 尽快识别出孩子做出的勇敢行为
- 刻意地忽视孩子做出的焦虑行为

使用短语“我注意到了你……”有助于识别出你觉察到的具体行为。例如，你可以说：“我注意到了你是真的很努力地在坚持上学，即使你并不想去。”另外也请记住，在行为发生后的短时间内给予强化，效果是最强的，所以不要等待，马上积极地给予关注的回应。坚持运用这一策略一段时间后，你就能巧妙且强有力地改变回应焦虑行为的方式以及焦虑行为被奖励的频率。

别被焦虑带偏节奏

许多家庭生活的运转往往因为焦虑而陷入停滞。父母好像总在防守，试图阻止焦虑影响孩子和其他家人。但对父母来说，重要的反而是创造一种焦虑并不是家庭中最重要成员的氛围。这意味着家庭的规则和惯例仍需要与焦虑占据高地前保持一致，与减少回避相辅相成。这也意味着父母不需要努力去寻找减少青少年焦虑的方法。如果父母总是屈从于焦虑的青少年的要求，保护他免于焦虑，那么他就没有足够的机会来练习如何积极应对。告诉孩子，是时候拒绝焦虑的规则了，然后逐渐减少保护他免受焦虑的行为。

研究证实了这种方法的重要性。阿贝·加西亚（Abbe Garcia）及其同事在儿童强迫症治疗这项里程碑式的研究中发现，父母为了应对强迫症而改变的行为和日常规则越多，孩子的治疗效果就越差，无论是用 CBT 还是药物治疗，抑或是两者的结合。约翰·皮安琴蒂尼（John Piacentini）及其同事在另一项研究中发现，父母较少保护孩子免于焦虑的举动会带来孩子焦虑症状的改善。因此，父母越屈服于焦虑的要求，孩子恢复的机会就会越少，而如果选择不屈服，则有助于孩子消除焦虑。这也显示了父母在帮助青少年克服焦虑方面具有非凡的力量。

除了减少对焦虑的妥协，你还可以将焦虑正常化，也就是将焦虑看作意料之中的事，我们都会经历，但我们不会因为它而停止我们正在做的事情。你的孩子需要对焦虑形成一种新的态度，把它看作一种伴随生活而来的东西，而不是一种无法承受的负担。

鼓励孩子容忍不确定性和风险

有时你必须使用反直觉的策略来战胜焦虑。如前所述，就恐惧情绪进行安慰可能会缓解孩子一时的焦虑，但从长远来看并不能让其战胜焦虑。事实上，即使发生坏事的可能性只有千分之一或百万分之一，担忧仍然会存在。焦虑的人渴望完全安全的确定感，但正如我们所知，这是一种幻觉。与其屈服于这种幻觉，不如让焦虑的青少年看到，坏事发生的概率虽然很低，但我们无法消除这一可能性。然而，即便如此，我们也需要鼓励青少年在生活中不断承担合理范围内的风险，以便不断成长并成为全面发展的人。

引导孩子这样做的最佳办法就是尽可能地设定事情可能出现的最可怕的结果（但这一结果极不可能发生），并让孩子继续完成生活中的各项事务，慢慢接受这种不确定性。例如，停止你条件反射式的即刻安慰，而且逐渐减少对孩子的安慰，每次保留一点儿让孩子考虑危险是否存在的空间，然后鼓励孩子继续做自己该做的事情，容忍自己感受到的任何不确定性。帮助他练习容忍不确定性和风险的最有效方法是一种被称为暴露的技术，我们将很快谈到这一技术。

鼓励孩子向改变迈出一小步

许多青少年将焦虑视作一种“全或无”的游戏——要么没有任何焦虑，要么被无法忍受的强烈焦虑所淹没。不过，焦虑的青少年需要明白：尽管心存疑虑，但通过在行为上做出微小的改变，他们确实可以容忍轻度到中度的焦虑，并体验事情的结果。

你可以将焦虑重新定义为一种从没有任何感觉到非常不舒服的体验，通过这种方式来帮助孩子学习这一课。他应该考虑做些即使会带来焦虑但可以忍受的小改变，而不是觉得自己做不到。你可以通过提出正确的问题来鼓励他往这个方向前进。例如，当孩子害怕地说“我就是做不到”时，你可以问他：“你觉得你做些什么能让焦虑稍微减轻一点儿？”通常，焦虑的青少年会陷入非理性思维中而无法想清楚，所以你可能需要帮助他制订可行的措施。

支持孩子直面恐惧

消除恐惧的最佳方法是直面恐惧——这就是之前我们提到过的“暴露与反应预防”策略，它是所有减少焦虑的策略中最有效的，适用于所有年龄段和所有类型的恐惧。暴露意味着刻意地直面恐惧。反应预防则意味着当直面恐惧时，你要停止通常的反应模式，不再试图通过回避等方式来减少焦虑。正如上文所讨论的，持续的回避并不能让青少年知道他们的恐惧没有想象中那么危险，它们是可以忍受的。

回避行为可能非常明显，也可能被隐藏得很好，它包括了我们用来防止焦虑的任何策略，即使周遭的改变非常微弱。所以，孩子回避的可能是一个场景、一个人、一件物品，也可能是一种行为方式，甚至是一种想法。许多青少年为了防止引发不舒服的躯体感觉而回避一些情景。通过观察孩子焦虑时的行为表现，对孩子的所有回避方式保持开放的态度。

暴露会改变焦虑行为，可以积极改变人们对冒险的后果的看法，从长远来看也可以缓解焦虑。在第四章（针对各种回避行为）、第五章（针对社交恐惧）和第六章（针对完美主义）中，有更多关于如何成功进行暴露的讨论。

关于焦虑的简单事实

挑战消极想法、利用暴露来对抗和缓解焦虑等策略都是经过充分研究的成功技巧。然而，成功减少焦虑的方法可以归结为一个简单的事实，即为了战胜焦虑，我们必须去做与它想要我们做的相反的事情。所以，如果焦虑让你的孩子去回避一些事情，他要反过来直面它；如果焦虑希望你向孩子的回避行为屈服，反其道而行之；如果焦虑想让你的孩子相信自己的担忧，他需要反其道而行之；如果焦虑希望你和孩子竭尽全力确保绝对的安全和确定（而这是不可能的），反其道而行之，允许一些不确定性的存在。通过不听命于焦虑或不遵守它的规则，你的孩子可以削弱甚至消除它的影响。

第三章

老是忧心忡忡的青少年

克服恐惧的想法和反复出现的担忧

朱莉的故事：担忧“快照”

朱莉是一个聪明、勤奋、成绩优秀的高一学生，她在大多数的课程中都获得了优异的成绩，参加了很多荣誉课程，此外还是曲棍球队的队长。她在一次极难的化学考试中表现不理想，之后因一个小小的分歧而对她的妈妈大发雷霆，哭了起来。妈妈问她怎么了，朱莉脱口而出：“妈妈，我太没用了，我什么都做不好。我还不如放弃化学，我可能会不及格！不管怎样，谁在乎呢？我永远也考不上大学，我最终肯定会流落街头！”

在接下来的日子里，朱莉陷入了担忧的阵阵痛苦之中，几乎无法入睡。她觉得自己是个彻头彻尾的失败者。她一直在脑海中反复想，她的分数意味着她什么都不擅长，做什么也无法成功。她开始担心自己在下一次考试中的表现，甚至开始考虑如果考不进任何一所好的大学该怎么办。“我搞砸了。”她想。

理解担忧

这张快照看起来跟你的孩子在陷入焦虑并深受其影响的状态像吗？我们在生活中都曾经历过焦虑，所以我们知道焦虑是什么感觉。我们每个人都必须应对时不时出现的一些担忧。然而，当担忧持续不断并开始增长时，它会极大地影响我们的情绪和行为。

担忧的信号

你有注意到你焦虑的孩子有哪些表现吗？他是否：

- 花大量的时间担心很多不同的事情
- 有强烈的、超出实际情况的担忧
- 担心将要发生一些很糟糕的事情
- 会出现胃疼或其他身体不适的迹象
- 会因为持续的焦虑变得易怒或神经紧张
- 难以入睡或难以集中注意力
- 会问很多“万一……”的问题
- 会不停地寻求安慰
- 会回避让自己感觉不安全的场景

老是忧心忡忡的青少年会一再夸大事件失败的严重程度，而这样做会引发进一步的焦虑。这种焦虑会引发身体不适，具体表现为胃痛、头痛和肌肉紧张。担忧干扰了日常思维，使青少年难以集中注意力。担忧会让大脑无法平静，从而使身体和大脑保持高度警惕，并引发睡眠问题。正如我们所讨论的，担忧会让青少年很难面对潜在的危险情况，因此他们往往会完全地回避这些情况。

担忧的本质

尽管人们常说“担忧”是指“感到焦虑”，但担忧是一种思考行为，而不是一种感受。容易忧心忡忡的青少年会反反复复思考一个问题，试图缓解焦虑，并更好地应对问题。老是忧心忡忡的人受到内心焦虑的驱使，会时刻警惕前方的危险。结果，他们会花大量的时间思考事情可能出错的所有方式！由于他们不想忽视任何潜在的风险，他们会问自己和他人很多“万一……”的问题。所有这些心理活动都需要付出很多努力，难怪老是忧心忡忡的人有时会变得易怒和疲惫。

一般而言，老是忧心忡忡的人的一个关键特征是，他们会试图以百分之百的确定去预测未来，因此他们无法容忍自己不确定接下来会发生什么。当我们将担忧视为用超乎常人的努力回避危险时，这种对不确定性无法容忍的态度就说得通了：任何不确定的结果自然都有带来危险的可能性。

> 老是忧心忡忡的人通过三种方式来满足他们对确定性的需求：要求得到安全的保证、反复检查以确保自己的安全、尽可能回避冒险。

担忧是一种应对策略

基于研究，我们认为担忧实际上可能是一种认知上的回避。换句话说，当人们在忧虑时，他们可以避免变得更加焦虑！怎么会这样呢？汤姆·博尔科韦茨（Tom Borkovec）及其同事的研究表明，担忧实际上会抑制情绪，甚至会减少我们对焦虑的生理反应。当老是忧心忡忡的人在头脑中思考问题，而不是完全沉浸在痛苦情绪中时，他们会感觉好一些。精神上的分心可以帮助他们避免焦虑的全面影响。

大多数人把担忧作为一种关键的应对策略，试图防止不好的事件发生，因此担忧会给人一种可以控制局面的错觉。然而，我们的生活经验和研究都表明，人们担忧的大多数事情并不会发生。因此，当老是忧心忡忡的人过度关注所有可能出错的方式时，担忧最终会加剧危机感。

青少年在担忧什么

与成年人一样，青少年也会担心各种各样的事情。事实上，任何与他们基本安全感有关的事情都是他们担忧的对象。其中最令他们担忧的是能否在任何情况下都表现出色，无论是学业、社交，还是个人的才能。很多人担忧极端的安全问题，例如，万一有抢劫犯闯入家门怎么办？在这一成长阶段，身份认同问题也可能是担忧的源头之一。也有一些人会担心自己长远的未来，或者担心危险的世界性事件发生。他们也倾向于担心小概率事件，比如飞机失事的发生。

错误想法会触发焦虑和担忧

老是忧心忡忡的人相信他们的恐惧会成真，但他们很少停下来怀疑担忧本身。然而，焦虑可能是由我们感知情境的特定方式引发的。当我们把事情想得比实际情况更危险时，这些想法会成为担忧的基础，并推动担忧进一步加剧。

当压力上升时，青少年特别容易陷入极端思维。想想我们在本章开始时提到的高一学生朱莉。朱莉的思绪陷入了失控的状态，最后她想象自己成了流落街头的人这一戏剧性结局，我把它叫作“失控的担忧列车”。消极的想法很快会引发连锁反应，导致更极端的想法，最终会出现灾难化的想法。这辆“担忧列车”现在已经失去了控制，正在铁轨上超速行驶！

忧虑青少年的思考方式

第二章介绍了“思维错误”，这些是引发焦虑的错误思维的具体模式（在附录 B 中可以看到这些思维错误的列表）。青少年对身份认同的发展、考试成绩的注重，以及压力的增加，都会使他们面临思维模式错误的风险。以下是一些青少年感知情景的错误方式。

害怕出现最糟糕的结果

大多数处于压力下的青少年往往会使用灾难化思维将问题想得十分严重，这是一种思维错误，在这种情况下，他们不仅会做出负面结果的预测，而且还会假设事情一旦发生将会是一场灾难。使用灾难化思维方式的人往往会犯两个关键错误：高估坏事发生的可能性和潜在后果的严重性。这基本上是双重打击——我担忧的结果会发生，而且带来的是最糟糕的结果。由于缺乏从生活经验中获得的判断力，青少年往往会把小挫折视为极端灾难性的。尽管最终令人担忧的结果不太可能出现，但他们的担忧会常常让他们恐惧即将到来的厄运。

极端思维

许多青少年陷入了这样一种模式：以苛刻的批判和极端的方式来评价自己。例如，他们往往会进行大量的“全或无”的思考，把事情看得很极端——要么完全是好的，要么完全是坏的；如果不完美，那就是失败的。想象一下以这种方式看待世界的情况，你就可以感受到为什么这一想法会催生焦虑了。如果好与坏之间没有任何过渡带，那么安全与危险之间也没有任何过渡带！青少年在面对成绩时，经常陷入“全或无”的思维，他们通常会将成绩视为衡量自己能力和价值的标准。

假定失败的模式

过度概括化意味着根据一个或几个负面事件或事实，对未来做出过于宽泛和消极的概括，高估问题的严重性和所涉及的危险。通常，青少年没有足够的生活经验来正确看待负面事件，因此他们很容易假定这一失败的模式会持续下去。由于自尊和身份认同仍在不断变化，他们觉得遇到的每一个问题都太难处理了，他们会将其放大，认为这意味着未来会发生可怕的事情。

只关注负面事件

一些焦虑的青少年会倾向于注意到所有出错的事情，而不会注意任何顺利的事情，这是一种认知错误，被称为“心理过滤器”。这种感知情况的方式会引发焦虑，因为它忽视了一些可以减少危险的积极因素。一个老是忧心忡忡的青少年总是在寻找他计划中行不通的地方。事实上，他一直忙着寻找问题，以至于没有注意到那些进展得很顺利的事情。

识别错误思维

学会识别思维错误是一件很棘手的事情，然而，掌握这一点将会帮助你搞清楚孩子的担忧想法何时在失控的担忧列车上加速了。我们可以再回想一下那位焦虑的高一学生朱莉。请注意，仅仅因为一次考试成绩很差，她就想象自己会流落街头，这就是灾难化思维。朱莉是一名优秀的学生和运动员，但她却说“我很没用，我什么都做不好”，这就是“全或无”思维的一个例子。朱莉认为她必须在所有事情上都表现得很完美，否则她就是一个失败者。

朱莉也表现出了过度概括化的倾向，也就是说，她从自己的处境中得出了过于宽泛而负面的结论。例如，朱莉说道：“我还不如放弃化学。这门课我十有八九要不及格！”她无意中得出结论，仅凭单一事件就认为会有无休止的失败。

如果你是朱莉的母亲，看到朱莉从来没有一门课程不及格过，而且之前的化学考试成绩也没有太差，你可能会对朱莉的自我评价感到困惑。朱莉也没有意识到尽管她有一次考试成绩不理想，但她考上大学的概率还是非常高的。她正使用心理过滤器来感知自己的现状，只注意到了问题和风险。朱莉犯了多个思维错误，导致她把一次考试分数看作能够决定自己全部命运的事情。

小练习

觉察错误的思维模式

这个小练习可以帮助你更多地练习发现思维错误。浏览下列每一句陈述，看看你能否识别出它们属于四种常见思维错误中的哪一种，这将帮助你发现孩子是如何表现出错误思维的。以下是对每种思维错误的描述：

- **过度概括化：**从单一情况中得出过于宽泛和负面的结论
- **灾难化：**担心最糟糕的结果发生
- **心理过滤器：**只关注情景中的负面部分
- **“全或无”思维：**以非黑即白的方式看待事情，没有中间地带

1. 我在高考中考得很差，所以我上不了大学了。
2. 我在演讲中少说了一个词，我出丑了。
3. 我可能会在选拔赛中表现糟糕，然后被淘汰出球队。
4. 如果我的成绩达不到“优秀”，我会让所有人失望，成为一个失败者。
5. 我在试演中表现不好，所以我想自己永远都无法成为一名优秀的音乐家。

你认为上述的每句陈述反映了哪种类型的思维错误？如果你认为某条阐述符合不止一种错误类型，那也是正常的。错误之间可能存在重叠，因为它们都涉及关注负面因素、得出错误的结论。比起精准标注出错误类型，更重要的是觉察到孩子正在犯这样的思维错误。第一条和第三条陈述属于灾难化的思维，本质上是害怕最糟糕的结果出现。第二条属于心理过滤器的例子（只关注负面）。第四条属于“全或无”思维（如果没有做到完美，就一定是失败者）。第五条属于过度概括化（根据单一的情况，错

误地假设未来会持续出现不良后果）。

小练习

倾听错误思维

练习分析思维时，我们逐渐学会了更快地发现思维错误。当孩子再在焦虑时与你交谈，请仔细倾听，然后在笔记本上记录下孩子在焦虑时所说的话。你注意到了什么？

我注意到我的孩子倾向于：

- ○ 因为单次发生的事件，认为未来会持续失败（过度概括化）
- ○ 害怕出现最糟糕的结果（灾难化）
- ○ 只关注负面的结果（心理过滤器）
- ○ 以非黑即白的绝对化思维思考问题（“全或无”思维）
- ○ 以上全部

当注意到青少年的错误思维时，我们也应该注意自己什么时候可能会犯同样的错误，尤其是当我们焦虑时。在笔记本上记录下你犯下类似错误的例子可能会很有帮助。

我注意到我倾向于：

- ○ 因为单次发生的事件，认为未来会持续失败（过度概括化）
- ○ 害怕出现最糟糕的结果（灾难化）
- ○ 只关注负面的结果（心理过滤器）
- ○ 以非黑即白的绝对化思维思考问题（“全或无”思维）
- ○ 以上全部

随着时间的推移，觉察我们每个人都可能会犯的思维错误，将有助于更好地理解错误思维对你和孩子情绪的影响。

继续观察孩子在焦虑时会犯哪种类型的思维错误，这将会帮助你看到他焦虑的想法、感觉和行为之间的联系。

减少日常担忧的养育策略

尽管青少年的担忧往往肆意横行，父母仍能施加积极的影响，为他们控制自身的担忧提供帮助。与孩子沟通是有合适的时间和方式的。虽然青少年想要自己努力战胜担忧，但父母的指导对他们克服恐惧将大有帮助。

从共情开始

理解孩子的担忧的第一步就是共情，因为在他允许你参与其中之前，最重要的就是让他感受到被理解。共情也会让你真正发现孩子所经历的具体担忧的本质。

所以，正如第二章介绍的那样，在你试图纠正担忧之前，要先建立连接。我们如何在焦虑的时刻有效地建立连接呢？一个开始的好办法是把孩子的想法和感受反馈出来。不要提建议，否则孩子可能会觉得你并没有与他共情，而是在教训他。比如，如果你的孩子担心考试成绩（就像那个焦虑的高一学生朱莉），你可以说："我看到你为了这次考试真的很沮丧。你觉得一次不理想的化学成绩意味着你做得不够好，无法通过这门课。而且，你一直这么努力，想到自己有可能考不上大学，一定会非常忧虑，这确实是一个让人感到惊慌的想法。"

你刚刚做了什么呢？你进入了孩子的内心世界。只有当他感受到了你理解他所经历的事情，你才能帮到他。否则，你很可能会听到这样的回应："你不理解，别烦我！"现在，从这个关键而又有利的一点出发，你就可以聚焦于纠正他的感知。

和焦虑的孩子建立连接的第一步就是与他共情。避免对他做出评价，试着简短地说出他的想法和感受。

选择消除担忧的正确时机

在焦虑时，孩子需要改变自己不切实际的想法，以缓解他的焦虑，但你不能替他做这件事，你只能给他指引。你应该什么时候去尝试这样做呢？在大多数情况下，最好等孩子没有那么痛苦后再开始，因为在焦虑的高峰期，孩子可能会变得十分不理智。这时候不要干预，因为他太沮丧了，无法透过云层看到阳光，可以等一段时间，你察觉到他好像愿意和你讨论，并且准备好接受新信息时再开始。

对一些孩子来说，焦虑情绪会带来很多身体上的痛苦，这种痛苦会向大脑发送自己处于危险当中的信号，由此形成一个反馈循环。直到稍微冷静一些的时候，他才能讨论自己的想法。有时候孩子则只是需要一些额外的时间来释放压力。当他冷静一些之后，你就可以和他讨论他的想法了。

让孩子知道感知的重要性

为了鼓励孩子化解自己的担忧，我们需要先让他们知道想法的重要性。通过与孩子温和地讨论，你可以帮助他理解一个很重要的事实，即我们对情境的思考方式会影响我们的感受。尽管这一点对成年人来说是很明显的事实，但孩子很少考虑到自身的感受是以他们对情境的独特感知为基础的。

你也可以强调另一个重要事实，即刻意地改变对某种情况的看法可以直接改变感受。想法是非常主观的。事实上，处于同一情境下的两个孩子，可能因为感知的不同而具有不同的感受。例如，一个孩子可能会因为考试考了 75 分而伤心欲绝，另一个孩子则可能会松一口气，认为“我预想的分数比这低，我还担心会不及格，但事实上我的平均成绩在班里排名还可以”。另外，试着从你自己的生活中举一些例子，阐述改变看待情境的方式是如何改变你的感受的。

在讨论了想法对感受的影响之后，你可以分享这样的观点：不是所有的感知都准确——有一些是完全不准确的，有一些只是部分准确。可以举你自己生活中的例子来说明：你本来有一个想法，但后来才发现因为你当时太沮丧了，并没有对整个情景进行全面的考虑。试着帮你的孩子理解：当我们焦虑时，检验自己的想法是否切合实际很有用。这样做并不是用“空中楼阁”的积极想法来消除消极想法，而是把不切实际的想法替换成更加切合实际的想法。

教孩子如何检验担忧

为了对想法进行评估，你的孩子应该像侦探一样寻找证据，以检验想法是否真实。如果仔细思考自身的处境，他就能发现很多事实与他的担忧是相矛盾的。这有助于他评估自己的想法是否存在常见的思维错误，并发现不切实际的担忧。练习这一追加的步骤有助于孩子在将来减少错误思维。以下是一些问题，你的孩子可以用这些问题来逐步评估他的担忧：

对担忧进行检验

- 哪些情况下的事实和我的想法不相符
- 有哪些事实表明我认为会发生的事情实际上可能不会发生
- 基于这些事实，我是否已经犯了以下思维错误
    1. 我是否高估了问题发生的可能性或严重程度（灾难化）
    2. 我是否以非黑即白、没有过渡带的方式看待问题（“全或无”思维）
    3. 我是否在没有足够证据的情况下假设事情会持续产生负面后果（过度概括化）
    4. 我是否忽视了任何积极事件的存在（排除积极因素）
    5. 我是否仅仅注意到了消极的一面，而没有注意到积极的一面（心理过滤器）

孩子一旦评估了自己的担忧，就应该试着用更切合实际的想法来代替担忧。所以，缓解焦虑最好的方式就是在焦虑想法出现时有所觉察，尽快检验这些想法，并且用切合实际的想法代替错误想法。如果孩子能在担忧占据主导地位时进行这项活动，那么你就会看到他更切合实际地看待问题的能力有了显著的提高。

教孩子分析自己想法的美妙之处在于它能帮助你更少地直接提建议，而提建议往往是青少年难以接受的，尤其当他们陷入错误思维中时。鼓励孩子检验自己的担忧，这样做本质上是在教孩

子如何思考，而不是教孩子思考什么内容。

用苏格拉底提问法质疑担忧

陷入焦虑的青少年甚至往往注意不到自己焦虑的想法，而只能注意到自己焦虑的感受。在这时，焦虑的感受占据了主导地位，他们很难看到事情的全貌。当这种情况出现时，父母可以发挥重要作用，帮助孩子停下来审视自己看待事情的方式是否会导致焦虑甚至加剧焦虑。正如第二章提到的，能做到这一点最好的方法就是用苏格拉底提问法。当你与孩子讨论时，确保他没有处于极端焦虑和惊恐的状态，因为在这种状态下，他无法反思自己的想法。

当孩子足够冷静时，温和地引导他质疑自己的担忧，并针对他看待问题的错误方式进行提问。例如，如果你注意到孩子沉湎于消极的一面，而忽视了他所做的所有积极的事情，那么你可以问这样一个问题："你是否忽视了你做得好的方面？"如果孩子担心考试不及格，然后开始认为他的生活将要被毁掉，你可以问："你所想的最坏的情况有没有可能不会发生，或者这种情况没有你想象的那么危险或糟糕？"这种类型的问题可以达成许多有用的目的，例如：

- 与孩子开展冷静的交流
- 识别出担忧的想法
- 发现与担忧相矛盾的事实

- 正确看待问题
- 促进问题的解决
- 在事情进展不顺利时提供积极应对的帮助

总的来说，这些问题可以作为有力的跳板，帮助孩子摆脱担忧，以新的方式思考和行动。不过，不要每次都把这些问题全问一遍，这对很多孩子来说有些难以承受。即使是一两个适时的问题，也能让孩子远离非理性思维，转向更切合实际的思维和更好的应对行为。有关苏格拉底提问法，请参见附录 A 的列表，这些问题是专门提出来的，可以用来挑战各种类型的担忧。那么，在下一个练习中，我们试着用苏格拉底提问法问问题。你可以参考附录 A 的列表进行提问。

小练习

练习提问而非回答

如果你发现出现了下列这些焦虑陈述中的思维错误，你可以设计一个需要询问的问题，为你运用苏格拉底提问法向孩子提问做好准备。这个练习的答案没有对错之分，你需要练习的只是提问，而不是回答。一开始可能很有挑战性，但通过练习，你会掌握窍门的。

1. 我高考考得很差，所以我上不了大学了。

2. 我在演讲中少说了一个词，我出丑了。
3. 我可能会在选拔赛中表现糟糕，然后被淘汰出球队。
4. 如果成绩达不到优秀，我会让所有人失望，成为一个失败者。
5. 我在试演中表现不好，所以我想自己永远都无法成为一个优秀的音乐家。

当孩子再出现焦虑并陷入担忧时，尝试询问一两个苏格拉底式的问题。记住，首先要与孩子共情，并等到焦虑情绪不处于顶峰时再进行提问。

并非所有的担忧都是不切实际的。如果对担忧的分析表明孩子的思考是切合现实的，恐惧程度并没有被夸大，那么应鼓励他专注于应对和解决问题。

开始着手解决问题

如果孩子的担忧并不是因为错误的思维，而是因为眼前真的有一个具有挑战性的问题，那他就应该去寻找解决问题的方法。他可以自己找到所有可能解决问题的办法（一开始不要排除任何办法），并考虑每种办法的优缺点，或在你的帮助下集思广益、头脑风暴。然后，他应该选择其中一个办法，并付诸行动，不管它有多不完美。如果这个问题比较困难，请帮助孩子将其分为几个部分，并考虑处理每个部分的策略。

有时，青少年会拒绝解决问题的某种方法，因为他们希望一切都能完美地进行，但现实并非总是如此。鼓励孩子尝试这一办法，即使他对结果并不确信。在这个过程中要关注孩子可能出现的思维错误，因为即使青少年面临的问题是真实存在的，他们也会夸大问题的难度，并认为他们为解决问题所付出的努力将是徒劳的。

进入“问题解决模式”能将重心从压倒性的情绪转移到逻辑思考上。它还可以将我们的注意力从某个未来的威胁转移到当下，这样做会自然地缓解焦虑，因为担忧往往是关于未来的。例如，萨里塔是一个 16 岁的女孩，她经常担心教练会因为她足球训练迟到而对她大喊大叫。有一天，由于交通堵塞，全家人在参加一场重要的比赛时迟到了。萨里塔越来越担心迟到的后果。在妈妈的鼓励下，萨里塔决定给教练打电话，跟他说自己会迟到。她也想好等自己到了之后该怎么和教练说。这种专注于解决问题的方式产生了小而显著的效果，减轻了萨里塔当时的焦虑。

一些青少年往往会担心发生在很遥远的未来的问题，比如大学毕业后能否找到一份好工作。再强调一下，担忧往往是集中在未来的、无法立即解决的问题上。青少年还会担心一些近期内不太可能发生、无法解决的问题，例如父母是否会患上重病。如果你注意到孩子被困在一个确实无法解决或在近期内无法解决的问题上，就应鼓励孩子把他的行为集中在他可以控制的事情上。

当孩子专注于一个毫无意义的担忧时，请先与他共情，因为要摆脱一个我们无法立即轻松消除的担忧是很困难的。然后温和地引导他去关注当下最重要的事情。

向孩子展示你如何应对担忧

引导孩子消除持续的担忧和问题不一定要用直接的方式。当讨论的主题直接针对孩子的担忧时，有些孩子可能不愿意和父母一起讨论。然而，通过观察父母如何处理压力和担忧，青少年可以学到很多东西。这就是榜样的力量：身教而非言传。

当着孩子的面，现场展示你是如何质疑自己担忧的想法的。确保不要过分强调担忧的重要性。相反，你可以大声说出自己的想法，指出徒劳无益、最好忽视掉的一些担忧。比如，当一些意料之外的事情突然打乱你的计划时，你可以展示你是如何冷静应对并切换到“问题解决模式”的。当你夸大了情境的严重性（我们都会偶尔这样做）时，理性地看待它。不要害怕展示自己不完美的地方。有研究表明，当父母作为榜样，一开始表现出恐惧和挣扎，然后继续展示如何成功应对挑战，这样的榜样效果会更好。向孩子展示即使你很担心，但依然愿意承受合理范围内的风险，这一点尤其有用。

在日常生活中，言行一致地展示你如何实事求是地评估问题、摆脱担忧，并采取积极的行动，你会逐渐对青少年产生潜移默化的强大影响。孩子不用费力尝试就可以学会如何在当下识别并抛开担忧。然后，担忧退居二线，孩子开始接受不确定性，直面恐惧。

克服反复出现的担忧

到这里，我们已经讨论了应对日常担忧的策略。然而，还有另一种性质完全不同的担忧。在孩子甚至都没有犯思维错误的情况下，这种担忧就自动浮现在了孩子的脑海里。这些想法往往都是发生概率极低或完全不可能的事情，例如父母突然失踪。担忧一旦产生，就会反复向孩子发送危险信号，使情况陷入僵局，似乎再多的安慰也无法消除这种担忧。

这种担忧背后遵循的是不同的规则，所以为了打败它，我们必须使用和之前不同的策略！与其寻找方法对抗这种担忧，不如让孩子看到它的真实面目——虚假警报。就像任何虚假警报一样，这种担忧会让孩子紧张，但不会产生危险。在这种情况下，你的孩子应该表现得好像这一担忧并不重要，就像电子邮件收件箱中无害的垃圾邮件一样。如果孩子一再寻求安慰或回避主观认为很危险的场景，担忧往往会持续更长时间。如果出现这种情况，请参阅第四章，了解克服回避的策略。

青少年加布里埃尔担心陌生人会闯进房子绑架他。他知道这极不可能发生，但恐惧仍然存在。晚上，当他很疲惫时，这种担忧常常突然出现在他的脑海里。他有时会检查门有没有锁好，有时会问母亲他们是否住在安全的社区。寻求确认似乎没有帮助，因为在内心深处，他知道这是一种不切实际的恐惧，但没有人能确保这完全不会发生。为了克服这一担忧，他把这一想法标记为虚假警报，然后改变了自己的行为模式，不再强迫性地检查门锁或寻求确认。他预料到这种恐惧还会偶尔出现，但即使它突然浮现在脑海中，他也不觉得有什么大不了的。几周之内，这种担忧就逐渐减弱，并最终消失了。

在第二章，我们已经讨论过压抑焦虑的想法是一个从不会奏效的策略，它反而会让想法变得更加强烈，这一点对反复出现的担忧来说尤其如此。当孩子受到担忧的困扰时，他越试图不让自己思考这件事，这种担忧反而越顽固，甚至变得更加严重。如果他做完全相反的事情，即刻意地、强烈地集中注意力思考这个反复出现的担忧，不去思考任何其他的事情，局面就会发生惊人的转变。他最终会对这个一开始很害怕的担忧感到厌倦，有时这个过程会发生得很快。

沿着这条思路，如果青少年不断地从父母那里寻求安慰，以缓解反复出现的担忧，他们其实正在进行不易察觉的回避，因为他们很快就会得到安慰，并停止思考这些担忧，使焦虑得到缓解。正如我们在第二章中讨论的，这就是为什么当父母过度安慰孩子时，结果会适得其反。所以，当孩子再因为一个反复出现的担忧向你寻求安慰时，记得提醒他："即使我安慰你，你当下感觉更好，这种感觉也不会持续很久。所以，你要试着让担忧的想法继续存在，尽管这很难，但它会自行消失的。"

应该接受担忧，还是摆脱它们

令人惊讶的是，答案可能是两者都要。虽然让孩子学习如何发展更切合实际的思维是很有价值的，但最近基于接纳的焦虑治疗模式表明，我们尽量不要过于认真地看待焦虑的想法。相反，这里的关键在于要接受担忧只是一种“想法”，并且尽管焦虑，你还是会继续前进，朝着重要的方向前进。例如，杰伊非常担心他的舞蹈在别人看来很笨拙。尽管很紧张，但相比于听从他的焦虑想法，他还是决定享受跳舞，因为这更重要！所以他又跳了一支舞，并且不再过多关注他的焦虑。当孩子能够练习这种应对想法和感受的新模式，焦虑通常会自然而然地减轻。从这个角度来看，我们的目标不是完全摆脱担忧或焦虑，而是习惯它们的存在，然后继续生活。

接受担忧意味着你的孩子需要练习适应不确定性，并且不过多关注脑海中偶尔出现的“万一……”的假设。为了帮助孩子走上这条道路，要鼓励他继续在生活中承担合理范围内的风险，尽管他有很多担忧。最终，当他可以接受“想法仅仅是一个想法”时，担忧的影响就会减弱。

第四章

焦虑性回避的青少年

减少回避，并学习如何直面恐惧

汉娜的故事：回避行为的循环

一天，汉娜在学校吃午饭时，坐在她旁边的一个朋友吐了。汉娜被吓坏了，她非常害怕自己也会呕吐。很快，她开始回避那些生病的同学。一开始，她尽可能少吃午餐，因为饱腹感会让她觉得自己快要吐了。后来，舞蹈课对她来说也成了一个问题，因为她害怕转圈或者太累会让自己呕吐。当迷惑不解的母亲得知汉娜的恐惧时，汉娜的生活已经完全被避免呕吐占据。她反复问妈妈自己会不会生病，然而，即使母亲一再安慰她，而且她回避了大量可能会让她呕吐的事情，但她的焦虑依然存在。汉娜惊讶于自己恐惧的强度，心想：为什么我总是这么害怕呢？

关于回避

像汉娜这样的青少年，就是陷入了回避的怪圈。他们认为自己必须不惜一切代价来回避危险的、令人不安的或不愉快的事情，于是一个接一个地改变自己的行为，试图以某种方式逃离他们所恐惧的东西。当他们极力想避开令人恐惧的事情时，在他们的脑海中，原本中性的活动和情境也会与令人恐惧的事物联系到一起，因此他们必须加以回避。这种回避行为似乎永远都不够，甚至会随着他们焦虑的持续不断增加，他们会不停地寻找更多的方法让自己感觉好一些，但他们没有意识到，正是回避行为本身在让他们产生恐惧。

回避是焦虑最具破坏性的方面之一，伴有各种焦虑的青少年都很容易受到回避行为的影响。孩子回避得越多，就会从回避行为中得到越多的安慰，这反而会强化回避行为。就像一块巨石在滚下山时会加速一样，回避也会加剧，直到它压垮青少年的生活，使他们很难思考或者做其他任何事情。克服这种回避是父母和青少年在应对焦虑时面临的最大挑战。

辨识回避

重要的是要记住，孩子希望回避因焦虑或不适而不想面对的任何事情，而并非仅仅是远离单个困难的事物或情境，这其中可能包括情境、想法、感受和行为。焦虑的青少年通常会回避：

- 诱发焦虑的想法
- 诱发焦虑的环境或情境
- 诱发焦虑的活动
- 经历不舒服的躯体感觉
- “危险的”物品或生物

回避可能是完全的，也可能是不完全的。想象一下，如果我们害怕在森林里遇到熊，完全回避意味着要远离森林；部分回避则是会进入森林，但会绕远路，这样遇到熊的风险就会小一些。这种部分回避被称为安全行为，因为它旨在限制面对可怕情况下的风险和潜在影响。安全行为会让人们觉得：可怕的灾难之所以没有发生，是因为他们实施了安全行为。

> 哪怕再细微的回避，也有识别它的有力方法：观察孩子，注意是什么引发了他的焦虑，以及他是如何改变自己的行为以应对焦虑的。

小练习

孩子回避的方式

为了更好地理解孩子回避的方式，问问自己：我的孩子是否在回避

- 特定的人、地点或事件
- 参与一些令他恐惧的活动
- 经历焦虑的感觉
- 经历某种躯体感觉

现在，我们来试着融会贯通，看看孩子是如何用独特的方式进行回避的，以及为什么要这样做。以下是一些示例：

- 孩子做作业时会过度检查以避免犯错，他认为犯错是非常危险的
- 孩子不愿意向新朋友介绍自己时，他其实是在试图避免被大家排斥，哪怕被排斥这种可能性非常小
- 孩子抱怨头痛，不参加足球训练时，他是在避免经历表现焦虑（performance anxiety）[①]

如果你不确定孩子为什么要回避，下次注意到他在回避时，可以温和地询问："你为什么要这么做？"或者"为什么回避这个情境会让你感觉更好？"青少年对自己的行为动机有着惊人的洞察力，并且会诚实地告诉你。

① 指在观众面前表现时变得焦虑和害怕，并可能因此影响自己的表现效果。——译者注

关于回避的误区和事实

大多数青少年没有意识到回避恐惧会给他们带来巨大的负面影响。回避他们所害怕的事情似乎是合乎逻辑的，这似乎是唯一能让他们“此刻”感觉更好的方式。遗憾的是，回避只会强化他们认为眼下情况确实危险的信念，并妨碍他们认识到自己可以安全地面对它或有能力容忍危险的发生。作为一种应对策略，回避是青少年最容易落入的陷阱。

父母和青少年需要了解回避的本质，这样青少年就不会把它作为一种应对恐惧的策略。简而言之，以下是关于回避的误区和事实：

误区：

- 回避能让你远离焦虑
- 如果不回避，你的焦虑水平就会飙升得非常高，并且完全不会缓解
- 回避能缓解恐惧
- 回避是缓解恐惧感受的唯一策略

事实：

- 不需要用回避来保护我们远离焦虑，因为焦虑不是有害的
- 焦虑水平会上升，但不会永远保持在高水平，它总是会降下来的

- 回避会加剧恐惧
- 直面恐惧是一个更好、更持久的缓解恐惧的策略

孩子没有意识到的是，回避就像蹦蹦床，它可能会让你觉得脱离了焦虑和危险，但你总是会回到原点！克服焦虑需要新策略。通过减少回避，青少年会了解到情况并不像他们想象的那样危险或令人不适。通过直面恐惧，他们也会知道，焦虑不会永远处于很高的水平，而是会随着时间的推移自然下降。

> 直面恐惧是一种体验性学习（experiential learning），其过程是通过体验得知直面恐惧是安全可行的，并最终减轻焦虑。

为直面恐惧奠定基础

一旦知道回避是如何适得其反、使焦虑加剧的，你就会意识到孩子越早开始直面恐惧越好！然而，在孩子真正开始学习新的行为方式之前，你必须帮助孩子为这种新的行为方式做好准备。准备工作将从你改变自己的行为开始，然后你需要激励孩子改变他的行为，并教导他如何直面恐惧。

减少对回避行为的奖励

父母虽然不能强迫青少年直面引发焦虑的情境，但可以让青少年先不那么轻易回避。孩子，尤其是青少年，很擅长让父母帮助他们进行回避。例如，一个有社交焦虑的青少年可能会要求父母代替自己给老师发电子邮件，或与教练交谈。有惊恐经历的青少年可能会要求父母陪他参加活动，以减轻他的焦虑。焦虑的青少年还可能会强烈要求修改家庭常规，以便更容易实施回避行为。

你要以一种共情的方式让孩子知道，为了帮助他克服焦虑，你不会继续帮助他回避他所害怕的东西。减少你为了适应孩子的回避需求而产生的各种改变，这会减少对回避行为的奖励，并帮助孩子学会应对他的恐惧。

你还可以使用一种关注非焦虑行为的策略，这在本书第二章中有所描述。当孩子开始逃避时，父母可能经常与青少年发生冲突。这反而可能会在无意中让孩子的回避行为获得父母的关注，从而让孩子因为回避行为获得奖励。虽然这可能会让你感到惊讶，但在孩子出现回避行为时，父母过于注重提建议也会无意中给予回避行为很大的关注度。相反，我们可以忽视消极行为，并赞赏行为中每一个积极的变化。

小练习

我对焦虑和回避的看法

许多父母从逻辑上能够理解回避的危险，但从情感上来说，他们不愿意看到自己的孩子承受痛苦。他们清楚直面恐惧可能是一件非常困难也非常痛苦的事情。一些父母还担心，让孩子经历焦虑可能会让事情变得更糟。在你决定采取减少回避的方法之前，问问自己，你是否对焦虑有一些自己的看法，而这些看法可能会偷偷潜入，并阻碍你帮助孩子缓解焦虑？你可以思考以下问题：

- 我是否认为用直面恐惧的方式来经历焦虑对孩子是有害的
- 我是否担心孩子在直面恐惧时无法应对焦虑
- 作为家长，我是否因为故意让孩子直面恐惧而感到内疚

即使你最初的回答是“没有”，也请仔细思考这些问题。在你能够有效应对孩子的回避之前，你需要处理你自己对这件事的担忧。把你的答案写在本子上可能会有帮助。你有什么发现呢？

增强孩子改变的动机

大多数的青少年即使想要直面恐惧，也会觉得这是一件很难的事情。父母需要帮助他们认识到直面恐惧是值得的。让青少年受到鼓舞、有所领悟的一个好方法是问他们一些问题，这些问题会向他们传达改变的必要性和他们确实能够做出改变的希望。你可以问如下的问题：

- 焦虑如何阻碍了你做真正想做的事情
- 焦虑占据了你生活的多大比例
- 如果你的焦虑有所减轻，你的行为会产生怎样的变化
- 如果你的焦虑有所减轻，你会有什么感受，会完成哪些事情
- 直面恐惧，你怎样让自己的生活变得更加快乐
- 如果没有那么焦虑，你想尝试哪些有趣的事情
- 如果感觉好一些了，你想尝试哪些新的挑战

请记住，当孩子开始采取措施面对他的恐惧时，你应该积极肯定他的努力。一句简单的“我注意到你……”或“我能看出你在勉励自己……”会让孩子觉得他的努力得到了肯定。具体的奖励也有助于增强动机，奖励应该是青少年事先向父母提出要求并与父母一起设立的。例如，一个孩子通过做一些高难度的练习，为他最喜欢的乐队的演唱会门票攒钱；另一个孩子在完成了一项具有挑战性的任务后，就可以下载花费不多的付费软件或歌曲。

鼓励孩子别再听从恐惧

为了准备好直面恐惧，孩子需要以不同的方式练习与焦虑互动。与其让焦虑控制他，不如让他向焦虑展示谁才是主人。在第二章，我们介绍了“与孩子一起应对”“将焦虑外化，并与之对话”这两个技巧，它们对建立与焦虑互动的新方式特别有用。

首先，与孩子组成统一战线，你可以提供支持，帮助他挑战焦虑，同时减少对他的行为的干预。根据孩子的年龄、你与他的关系，以及他有多渴望独立来确定你介入和帮助孩子的程度。小心行事，以便观察他对你的努力的反应。为了让孩子愿意和你统一战线，你要注意不把你想要的和他想要的对立起来。比如，你可以说：“看起来焦虑让你陷入了困境，我该怎样帮助你做你真正想做的事情？”如果允许他们自己去主导而非跟从大人，大多数青少年就不会太介意父母提供帮助。

其次，通过将焦虑外化为一种必须面对的力量，你可以帮助孩子与他的恐惧对话。如此，孩子会越来越有能力击溃它。如果他能接受，你甚至可以在下一次焦虑引发回避时帮助他与之对话。你的孩子可以用以下这些例子来与焦虑对话，并开始减少回避，准备好直面恐惧。

- “嘿，恐惧，别耍我了。我没必要因为你告诉我要逃避就逃避。”
- “当我屈服于你时我没有感觉更好，所以我会忽略你的要求，并去做完全相反的事情。”

- “别烦我了。你告诉我有紧急情况发生，但根本就没有。”

解释克服恐惧的暴露疗法

向孩子解释，为了战胜恐惧，我们必须做一些反直觉的事，即靠近“危险”，而不能逃避它。当我们这样做时，我们的焦虑会随着时间的推移大大减轻。向孩子解释这是“暴露与反应预防”疗法的基础（在第二章中介绍过）。研究表明这一疗法可以克服一系列恐惧。让他知道“暴露”意味着直面让他感到焦虑和想要回避的事情，而“反应预防”意味着不去做任何试图消除他的恐惧的事情。告诉他，通过直面恐惧，他会发现他所回避的事物并不像想象的那么糟糕或危险，而且焦虑确实会随着时间的推移而减轻。

当你这样做时，孩子一开始很有可能会对这样的想法犹豫不决，不确定直面恐惧是否会让他感觉更好。为了更好地阐明你的观点，你可以向他说明暴露可以缓解焦虑的理论基础：如果在一个新的环境中待得足够长，我们就会习惯。所以“为什么我们跳进冰凉的水池，几分钟后就感觉不那么冷了？”这样的问题可能会有帮助。通常孩子会回答：“因为我们已经习惯了。”然后你就可以跟孩子说，我们可以对恐惧做同样的处理，只要在这种情境下停留足够长的时间。孩子可能会喜欢“习惯一部恐怖电影”这个比喻。他第一次看一部恐怖电影时会非常害怕，但当第三次或第四次看这部电影时，他可能连看到最恐怖的情节都会打哈欠。

孩子需要接受他必须经历不适和焦虑，以习惯他所害怕的东西这样一个事实，这样他才能随着时间的推移成功缓解焦虑。这就是战胜恐惧的反直觉方法。

你能否成为孩子的教练

在让孩子开始运用暴露疗法之前，很重要的一点是要考虑你能否在他直面恐惧的过程中提供帮助。这种伙伴关系是非常有益的。作为一名教练，你可以帮助孩子选择暴露的目标，鼓励他待在具有挑战性的情境中，并表扬他所取得的进步。如果有机会，你还可以以身作则，向他展示如何执行有挑战性的行为。

然而，在某些情况下，指导孩子并不是一个好主意。一些青少年看重自己的独立性，注重隐私，更喜欢自己去应对困难。或者，你可能会觉得自己也是这种情况，所以无法成为一名成功的教练。但是，在这两种情况下，你仍然可以成为孩子的啦啦队，在孩子练习新行为时保持适当的距离，以尊重的态度提供鼓励。即使你和孩子都觉得指导是有意义的，但也要退一步想一想你能否承担起这个颇具挑战性的角色。在你考虑指导孩子之前，思考一下你是否可以做到：

- 进展缓慢或偶尔遇到挫折时可以保持耐心
- 看到孩子出现明显的痛苦情绪时可以忍受
- 不以安慰孩子的方式介入暴露过程
- 在孩子寻求安慰时转移其注意力

- 不去检查孩子是否有事
- 无论进步有多小，都保持积极乐观的态度

父母如果表现出这些特征和行为，就能够为对“暴露”感到困难的青少年提供有价值的帮助。

提升暴露疗法的成功率

既然你已经为孩子直面恐惧的行为奠定了基础，那么在开始暴露之前，学会如何最大限度地提高成功率也是很重要的。当孩子开始他的挑战恐惧的旅程时，他可能会遇到许多常见的障碍。本节提供了一些有效的策略来绕开或克服这些障碍。

选择合适的目标

在寻求改变的过程中，最困难的是迈出第一步。在直面恐惧时，基于现实具体的目标而进行成功的初步实践，对进一步的发展非常重要。目标的制订应该基于你孩子自身的恐惧状况，即具体是什么触发了你孩子的焦虑。第二步，你的孩子应该选择一个只引发轻度焦虑，最多引发中度焦虑的暴露目标，而不能选择那些会引发压倒性恐惧的目标。例如，一个害怕社交的青少年可能必须先练习一个小目标，如与陌生人交谈，然后才能练习在人群中发言。实现第一个目标将有助于实现下一个目标。如果你能发

挥教练的职能，你可以帮助并引导孩子选择一个合理范围内的暴露目标。这个目标不要太容易达到，否则对孩子来说就没有挑战性，但也不要太难，否则会让孩子很难承受。

父母必须小心，不要插手替孩子设定目标。在这个成长阶段，青少年应该自己决定他们想要实现什么样的行为目标。父母制订一些目标是出于好意，但这些目标往往太难了，最好在实现一些更简单的目标之后再加以克服。比如，一个青少年患有恐高症，他的家长可能会说："站到阳台这儿来，你就会知道情况其实并没有那么恐怖。"这个青少年可能会感到有一种压倒性的焦虑，这会让他无法在阳台上停留足够长的时间，从而也无法让他真正明白事情确实没有那么糟糕。因此，他可能需要从一个简单的任务开始，然后再转向一个更艰巨的任务。

问问孩子他想做些什么，选择的目标既要可行，也不会太令人焦虑。选择正确的目标将增加成功的概率。

鼓励孩子容忍不确定性

从焦虑到感觉平静，从回避到直面恐惧，在这趟旅程中，我们需要穿越一块充满不确定的地带。这是没有办法绕开的，你无法从它上面飞过，也无法从它下面游过，只能穿越它。当孩子开始直面恐惧时，他可能会觉得没有什么是安全或确定的。尽管如此，即使不知道结果会如何，他也必须谨慎而勇敢地向前迈进。

比如，一个追求完美的青少年在学习如何不那么完美主义时，他会想：如果我冒险的话，是否会有可怕的事情降临到自己身上？许多青少年会在这个时候向家人寻求额外的安慰。然而，当孩子直面恐惧时，你不能不断向他保证不会发生坏事，因为这违背了让孩子亲身学习的目的：孩子需要自己学会这件事。你可以这样回应："无法确切知道一切是否会好起来的感觉确实让人很难受。但即使感到不确定，你也必须继续面对这个挑战。"最终，如果孩子能够学会接受不确定性，并认识到承担合理范围内的风险是生活中很正常的一部分，他就会成功克服恐惧。

> 为了成功克服恐惧，你的孩子必须忍受不知道坏事是否会发生的不确定性。

逐渐减少安全行为

为了有效地进行暴露，消除各种安全行为非常重要，因为它们也是部分回避的一种形式。我们可以逐步减少安全行为，但目标是在一段时间内彻底消除它们。否则，这些行为会破坏暴露的有效性。以下是一些安全行为示例：

- 反复检查某样事物是否安全
- 面对会引发恐惧的情境时过度分散注意力
- 面对会引发恐惧的情境时寻求安慰
- 紧挨着自己觉得安全的人或事物

- 阻止自己充分感受由物品或情境引发的恐惧

如果想找到暴露期间的安全行为，你可以问孩子："当你处于恐惧的场景中时，你是否会用一些办法让自己感觉不那么沮丧，或者做些让自己感觉更安全的事？"当孩子正面临威胁时，确保你自己不要过度安慰他，说他会很安全，因为这会阻止他自己去认识到这一点。

充分练习，改变对危险的看法

孩子对危险的坚信会让焦虑持续，而且这些看法并不容易被改变。人们在偶然或短暂面对感到恐惧的事情时，往往想尽快逃离，因为这会增强他们的危险感知。此外，对于大多数恐惧，我们必须直面它们，直到我们更能容忍它们的存在。这意味着我们必须一直待在让自己恐惧的情境当中，直到恐惧感减弱，然后重复这一行为，而不是仅仅尝试一两次。如果恐惧感很强烈，或泛化到了一系列情境当中，就尤其应当如此。

如果你的孩子只在某一个特定情境下进行暴露，他可能会认为只是因为幸运，自己才没有发生什么不好的事情。要真正改变孩子的看法，往往需要他在一系列不同的情境当中直面恐惧。比如，如果一个有社交焦虑的青少年决定参加一个聚会，但没发生什么坏事，他可能会认为这是由于在场的人比较特殊。为了缓解他对社交排斥的过度恐惧，他需要面对各种各样的社交情境。通过这样做，他最终会意识到自己的恐惧要么是错误的，要么是过于极端的。

进行暴露时需要：

- 刻意地进行
- 有足够的频率，理想情况下一天一次
- 每次都有足够长的时间充分直面恐惧
- 在一系列不同的情境下对恐惧进行彻底检验

> 当你的孩子在多种情境下多次充分检验了对于危险的看法时，焦虑感就会下降。

制订计划，直面恐惧

一旦你和孩子为改变做好了准备，并学会了有效暴露的原则，他就可以开始制订一个循序渐进的计划，系统地面对他的恐惧。

识别恐惧情境，并划分等级

首先，让孩子列出让他焦虑的各种情境，并尽可能清楚地描述每种情境。然后让他判断在他直面时会引发多大程度的焦虑。焦虑的测量范围如下所示，从 0（不紧张）、50（中度焦虑）到 100（极度恐惧），让孩子用这个量表对每种引发焦虑的情况打分。为了确定从轻度到重度的一系列恐惧等级，请提示他对自己的焦虑进行排序，例如询问：“什么情况会让你出现50分水平的焦虑？”一个有社交焦虑的青少年可能会说：“当我必须给我不太熟悉的人讲个笑话时。”以此类推。如果孩子更想用0～10分进行打分，或者使用其他量表的话，也没有问题，只要他能找到一种简单、一致的方式来量化他的焦虑就可以。

为我的焦虑评分

恐惧描述	评分
惊恐，失控	100
	90
非常害怕，几乎惊恐	80
	70
	60
中等水平的焦虑，但我可以应对	50
	40
紧张	30
	20
非常轻微的紧张，但不是大事	10
不焦虑	0

一些对焦虑特别敏感的青少年认为每种情况都会导致80分或更高水平的焦虑。如果你的孩子发现自己很难找到只会引发轻微焦虑的情况，你可以询问他：“怎样才能让这种情境引发的焦虑稍微小一些？”然后用比较容易的情境来做练习。例如，一个

患有昆虫恐惧症的青少年会给“距离虫子30厘米以内”的恐惧打90分；但当他被问及“怎么做才能让你离虫子30厘米以内这件事变得容易一些？”时，他的回答是“穿上鞋子”。如果孩子很难想出一个更容易的任务，你可以根据你对其恐惧的了解提出一些可能的场景。

> 如果你的孩子难以列出引发焦虑的情境，你可以这样询问：“有哪些情境是你经常回避或试图回避的？”然后利用这些情境设计暴露任务。

这些评分除了可以帮助制订应对恐惧的计划，在消除恐惧方面还有一个主要优势：你的孩子会发现焦虑并非一件非黑即白的事情，相反，它是对一系列从诱发较少焦虑到诱发较多焦虑的情境的反应。一般来说，大多数青少年和焦虑的人都认为引发焦虑的情况会把他们彻底压垮。当进行“暴露与反应预防”任务时，他们会慢慢习惯痛苦的连续变化，让他们能够逐渐学会面对它，并增强对它的掌控感。

创建挑战阶梯并实施暴露疗法

一旦孩子充分了解了他在不同情境下所经历的不同程度的焦虑，他就可以按照从最易到最难的顺序对每个项目进行排序，由此创建一个挑战阶梯，这一点稍后将做介绍。通常，大约8～10个挑战就足以让孩子在直面恐惧方面取得重大进展，有时需要的步骤甚至更少。如果孩子觉得从一种情境突然跳到另一种情境太难的话，可以在两者之间添加更多步骤，添加一个不那么令人焦虑的挑战。他需要持续执行这些步骤，直到他对这一行为不再感到不适、焦虑感下降为止。

接下来，是时候开始直面恐惧了。从最简单的任务开始，然后再做越来越难的任务。在每一步中，你的孩子都必须一直待在这种情境下，直到他能够忍受自己的焦虑，并意识到自己能够应对这种情况。一次面对一个，逐步地面对感到害怕的情境，这就是所谓的逐级暴露。当孩子焦虑减轻时，他就能体验到成功，然后继续挑战下一个情境。如果答应给孩子提供具体的奖励，不要忘记在每次成功暴露后都给予奖励。

还记得我们在本章开头提到的汉娜吗？汉娜、她的母亲和我一起努力，找出了她因焦虑而回避情境的所有方式，然后她开始跳出回避的循环。下面是一个呈现了汉娜帮助设计并反复练习的挑战阶梯的例子：

- 去上舞蹈课，并刻意地转圈
- 在网站上观看某人呕吐的剪辑视频或家庭录像
- 即使感到紧张，也会在学校把午餐都吃完
- 拥抱一个最近生过病的朋友

当你的孩子在完成挑战阶梯时，需要记住以下几个基本要素：

- 从太难的情境开始暴露会增加失败的概率，因为强烈

的焦虑会促使人们试图逃避这种情况，而不是容忍它

- 当在某种情境中停留时，焦虑一般会逐渐消退，但这并不是成功暴露的必要条件。通常情况下，焦虑的缓解速度往往比人们预期的要快得多，然而，有时需要多次暴露，焦虑才能随着时间的推移慢慢得到缓解
- 理想情况下，你的孩子会一步一步攀登挑战阶梯，直到克服最让他害怕的情境。如果他没有直面最可怕的恐惧，那么关于危险的想法就会一直存在
- 就像在现实生活中一样，我们不会在高风险的情境中去选择暴露，相反，我们通常会选择面对那些偶尔会遇到或需要容忍的，在合理范围内的、处在日常风险水平的情况

小练习

孩子的挑战阶梯

让我们在练习中理解青少年的恐惧状况，并创建一个挑战阶梯来化解这一恐惧。每完成一步，就在相应的位置画上记号。

我的孩子：

○ 列出了引发焦虑的各种情境

○ 根据每种情境所引起的焦虑程度，将这些情境按 0 ～ 100 分打分
○ 创建了一个挑战阶梯，从最简单到最难逐级攀登
○ 已经开始从一项让他感到轻微或中度焦虑的任务开始直面他的恐惧

反思总结

就像赛后总结一样，在青少年逐渐成功地直面恐惧之后，对发生的变化进行反思是很重要的。记住，练习直面恐惧意味着通过经验学会新的知识。因此，我们真正想看到的是，经历了直面恐惧的体验后，你的孩子对这件事的预期是否与过去不同。检验一下你的孩子是否认为自己能更好地应对焦虑体验也很有帮助。可以用以下这些问题对孩子进行提问：

- 你是否认识到情况并没有你想象的那么危险、令人不安或不愉快
- 你是否意识到你预期的坏事并没有发生
- 你知道你可以忍受焦虑，并且随着时间的推移焦虑会减少吗
- 你是否意识到你能比想象中更好地应对让你害怕的时刻

- 你是否惊讶于自己能够完全直面恐惧

通过反复直面他们的恐惧，青少年往往会意识到焦虑不会持续增加，也没有他们想象的那么强烈和持久。他们意识到自己可以应对困难的情境，而且这些情境并没有他们担心的那么糟糕。最重要的是，无论是处理当下的焦虑还是未来新出现的担忧，他们现在知道了应该如何使用这种有效的策略来减少焦虑。

下面这一计划中有一个简单的首字母缩写词，可以帮助你的孩子记住它。

FACE（面对）你的恐惧的计划：

面对（**F**ace）：一步一步面对你的恐惧

接受（**A**ccept）：接受焦虑、不适和不确定的感觉

持续（**C**ontinue）：持续面对每种情境，直到不适感减轻

体验（**E**xperience）：体验到焦虑感的减轻，并能更好地应对这一情境

挑战一系列的恐惧

这里有几个例子，用来说明如何通过挑战阶梯来挑战不同的恐惧。这些挑战阶梯是孩子根据那些对自己独具挑战性的情境设计的。在每种情况下，孩子都是通过弄清楚自己在害怕什么和回避什么来设计阶梯的。请记住，你的孩子必须创建自己的挑战阶

梯，因为引发他的恐惧的特定因素，以及他对这些恐惧做出反应的具体方式是独一无二的。

直面我的恐惧

对学业成绩的完美主义	
修改作业从四次变成两次	30分
故意在一次作业中犯小“错误”	50分
故意在数学考试中犯马虎	80分
社交恐惧	
在午饭时与一个熟人开启对话	30分
向一个不熟悉的人做自我介绍	50分
在全班同学面前开玩笑	80分
昆虫恐惧症	
与一只虫同处一室	30分
距离一只虫60厘米远	50分
忍受触碰或手拿一只虫	80分
分离焦虑（对于远离父母的焦虑）	
独自上楼去卧室拿东西	30分
独自在楼上待1小时	50分
去朋友家过夜	80分
对细菌的强迫性恐惧	
只用肥皂洗一次手，且只洗到手腕	30分
触碰门把手，且不洗手	50分

触摸自己认为“最脏的地方”，且不洗手	80分

害怕会呕吐

谈及他人的呕吐	30分
看一个某人呕吐的视频	50分
吃与上次呕吐之前所吃的同样的食物	80分

如何知道暴露疗法奏效了

判定成功的标准并非焦虑已经完全被消除，这个要求有点儿太高了，也没有必要，相反，成功与否的标准是看焦虑是否不再成为正常生活的障碍。理想情况下，我们希望那些长期回避的青少年意识到，他们一直高估了环境中存在的危险，同时也低估了自己的应对能力。当他们意识到这一点之后，就会相信自己有能力继续面对那些对他们来说存在潜在风险的新情境。我们认为，有信心应对困难情境对于预防未来可能出现的焦虑起着重要的作用。你可以问问自己：

- 孩子的焦虑水平现在是否降到了更轻微、可控的水平
- 孩子是否减少了对危险的执念
- 孩子是否不再回避，而是推动自己直面恐惧
- 孩子面对新的挑战情境的信心提高了吗

当孩子真正接受这种直面恐惧的模式时，他自然会不再回避他所害怕的，而是寻求新的、有意义的与世界互动的方式，这会开启一个更好的旅程。

第五章

有社交恐惧的青少年

克服社交恐惧，面对社交挑战

罗伯特的故事：避免尴尬

罗伯特是一名初二的学生，这天他飞快地跑过走廊，希望能准时赶上第一节课。他很担心大家会因为他迟到都盯着他看。终于，他在教室关门之前赶到了，然后低头垂肩地坐在座位上。这一节是社会研究课，老师会随机挑选学生回答问题。当罗伯特被选中回答问题时，他觉得旁边的女孩向他投来了奇怪的目光。她一定是觉得那个回答太蠢了。到了午餐时间，他听到有人在讲笑话，本想回应对方，但害怕自己说的话会很无聊，所以他选择一言不发。下午做口头报告时，他的焦虑加剧了。他想象着每个人都注意到了他声音颤抖、满脸通红。后来，在学校的舞会上，他没和任何人说话就早早地离开了。他心想：我真的出洋相了，下次还不如待在家里！

理解青少年的社交焦虑

像罗伯特这样的青少年正深陷社交焦虑之中，他们担心自己的言行会显得十分愚蠢。因此，在他们看来，社会环境中充满了危险，他们会尽可能回避各种社交场合。如果不得不直接面对这样的场景，例如必须做报告，他们往往会极度焦虑，甚至会出现惊恐症状，如呼吸急促或颤抖。

你在焦虑的孩子身上注意到了什么？他是否：

- 害怕在课堂上回答问题
- 回避或害怕向老师求助
- 回避聚会等社交场合
- 过度在意自己在别人眼中的形象
- 因为焦虑而在人群中保持安静
- 回避或害怕认识新朋友
- 回避或焦虑于在公众面前讲话或展示自己
- 担心别人对自己的表现有不好的想法

所有这些问题都是青少年的社交焦虑表现。社交焦虑的核心是对受到负面评价的强烈恐惧，一旦这种恐惧占据了主导地位，它会极大地改变青少年的行为方式。他们会回避任何可能表现得“愚蠢”的事情，例如在课堂上答错问题、参加学校戏剧的试演，甚至是参与日常对话。最重要的是，社交焦虑会阻止青少年做他们真正想做的事情，相反，他们所有的生活都在避免任何社交失误的出现。

为了确定孩子可能在哪些领域存在社交焦虑，你可以问问自己，他会尽力回避哪些社交场合？什么情况下他会担心别人对他的看法？

小练习

我的孩子是仅仅有点儿害羞，还是有社交焦虑？

大多数父母都想知道青少年的害羞是否是社交焦虑的表现。害羞是一种气质，并且很有可能是天生的。有证据表明，害羞的特质与社交焦虑障碍有关。例如，精神病学家卡尔·施瓦茨（Carl Schwartz）及其同事在研究中发现，青少年时期的社交焦虑与在童年早期遇到新朋友或新情境时被抑制有关。总的来说，研究表明，该障碍可能源自童年期的害羞或行为抑制；然而，害羞并不意味着一定是社交焦虑或一定会发展出社交焦虑。

回答以下问题，了解你的孩子是天生害羞还是有社交焦虑。

1. 我的孩子从小就不太愿意结识新朋友。 是 / 否
2. 我的孩子有时候喜欢独自一人。 是 / 否
3. 当需要自我展示时，我的孩子会变得非常忧虑。是 / 否
4. 我的孩子总是不想引起别人的注意。 是 / 否
5. 我的孩子会尝试避免表现得尴尬。 是 / 否

6. 我的孩子从小就比较安静。 是 / 否

如果对于第 3、4、5 项你的回答是“是”，你的孩子可能并不仅仅是害羞，而是也存在社交焦虑。对其余问题回答“是”说明这是一种气质风格，除非它带来了强烈的回避或痛苦，否则这种情况并不构成问题。

缺乏社会安全感的青少年时期

青春期的成长状态和青少年脆弱的自我认同感，会使青少年产生社交上的不安全感。青少年希望融入群体，而非与众不同。青少年也会因为要在各种公共场合表现优异而感到有压力，例如参加团队运动或成为社会团体的一员。对于大多数青少年来说，他们的社交焦虑不会带来太大的麻烦，并且会随着时间的推移逐渐减轻。遗憾的是，对一些人来说，恐惧会变得非常严重，甚至会给他们的生活带来痛苦，引发社会、家庭等内部关系的失衡。

最令人担忧的是，社交焦虑阻碍了青少年去完成青春期的一项主要任务——探索他们的自我意识，并建立更强大的身份认同。想一想，参与社交场合在你青少年时期会对你了解自己有多大帮助。社交焦虑阻碍了我们练习重要的成长任务，例如结交新朋友、尝试新技能、在需要时寻求帮助，以及学习在人群中表达自己的观点。即使你的孩子没有严重的社交焦虑，如果焦虑已经阻碍了他的成长，也会对他产生越来越大的负面影响。

聚光灯正照在孩子身上

对于有社交恐惧的青少年来说，他们头顶好像总是有一盏聚光灯。想象一下，无论你走到哪里，聚光灯都跟着你，尤其当你在公众场合失态时，灯光会变得又大又亮。这就是有社交焦虑的孩子的感受。他们认为每个人都在持续地观察他们、关注他们的错误。在罗伯特，也就是那个极力避免上课迟到的社交焦虑青少年看来，所有人的目光都集中在他身上！他甚至无法意识到同学并不会认为他会因为上课迟到两分钟而感到尴尬。罗伯特的故事也说明了另一个非常突出的问题，即有社交焦虑的青少年认为每个人都会注意到他们有多焦虑，这会让他们感觉更尴尬。有社交焦虑的青少年尤其害怕他人会注意到自己焦虑的生理信号，例如身体发抖、震颤或脸红。

以下是一些恐惧时的想法，可以用于解释这种处于聚光灯下的感觉：

- 如果我在课上答错问题，每个人都会注意到这件事，并认为我不聪明
- 如果我邀请她出去玩，她会听出来我的声音在颤抖
- 如果我做一个课堂展示，人们会发现我吞吞吐吐并且很紧张

这些青少年会因为对他人评价的强烈恐惧而不断审视自己的行为，寻找自身可能会受到负面评价的行为。他们会检查威胁是

否存在，甚至将中立的情况也视为威胁。体内的威胁检测器太容易而又过于频繁地发出警报，它已经失控了！

有研究表明，有社交焦虑的人更关注威胁的信号，而不怎么有社交焦虑的人则更关注正面的评价。

消极的想法会触发社交焦虑

有社交焦虑的青少年感知社交情况，进而焦虑的方式是有迹可循的。首先，他们会经常猜测别人对他们的看法，这是一种叫“揣测他人心理”的思维错误，因为他们会假设人们对他们有负面看法。然而，他们的恐惧往往要么缺乏证据，要么被过度放大。想象一下，在人群中，如果一个你认识的人从你身边走过却没有跟你打招呼，你可能会想，也许他很着急，没有注意到我。一个有社交焦虑的青少年则可能会揣测这个人的心理，并直接得出结论：他认为我太土里土气了，甚至不想和我打招呼。

有社交焦虑的青少年也会犯其他思维错误。当评估自己的表现时，他们看不到处于完美或失败这两种极端结果之间的情况——这就是“全或无”的思维错误。所以，即使他们的表现有值得肯定的地方，他们也经常觉得自己表现得很糟糕。最后，他们会高估负面的社交评价发生的可能性和严重程度。换句话说，他们认为人们会注意到他们做了一些令人尴尬的事情，而这会引发最糟糕的结果。比如，如果他们在公众场合犯了错误，他们就觉得自己会被嘲笑或彻底排斥。

回避会进一步加剧社交焦虑

社交焦虑的产生很大程度上来源于对社交场合的回避。焦虑的青少年在需要社交的场景中感到非常不舒服，自然而然地，他们会尽可能多地避开这些场景。这种回避产生了一种如释重负的感觉，这会让青少年沉溺其中。他们可能会逃避课上发言，不敢向陌生人介绍自己，也不愿意承担任何新的社交风险。

所有这些回避的问题在于，错误的信念从来没有被证伪。因此，焦虑的青少年从来都不知道，他人并不会真的排斥他们的行为或表现，就算他人有稍许的不认同也没什么关系。随着时间的推移，他们对承担社交风险失去了信心。这会导致两种情况：一种是他们永远不习惯应对一些会引发他们焦虑的情境，另一种情况是他们无法有效解决问题，因此他们会一直处于高水平的焦虑状态之中。

最糟糕的是，回避型青少年在同龄人面前可能会显得冷漠，他人可能会因此觉得他们不合群甚至不友好，而不会认为他们是因为焦虑才表现出这样的特点。因此，他们经常被同龄人忽视或回避，有时甚至被彻底拒绝，这样的遭遇只会让他们所相信的得到验证，即认为同龄人不喜欢他们。这是一个可怕的误解，而且对青少年产生严重的影响。因此，解决这一问题的办法是不要回避，要开始学着直面社交恐惧。我们稍后会讲如何做到这一点。

安慰并不会让社交恐惧消失

大多数父母在看到自己的孩子陷入对社交情境的焦虑时，都会告诉他们情况没有那么糟糕。遗憾的是，青少年通常对这种积极的预测，以及那些所谓社交情境对他们有利的保证不为所动。他们的担忧强烈到像在他们脑海里响个不停的鼓声，可以将一切淹没。如果你说“我相信你的演讲会进行得很好”，孩子可能会想：人们可能会在演讲中注意到我的颤抖，并认为我很差劲，但妈妈并没有意识到。如果你只是告诉青少年要表现得积极，他们并不会感觉好受一些。他们的担忧对他们的行为所产生的影响比想象中更严重。

社交焦虑是由社交技能不足引起的吗

你可能想知道社交焦虑是否与一个人的社交技能强弱有关。社交技能包括知道如何以适当的方式开展社交行为，例如提问、保持对话和进行良好的眼神交流。研究证实，社交焦虑与一个人的社交技能无关，然而，社交焦虑障碍患者一般会认为自己的社交技能不足。这更加证明了一个观点：社交焦虑是一个感知层面的问题。不过，如果你的孩子有很好的社交技能，提前练习一些行为，例如在聚会上发起交流并加以维持，也会在很大程度上帮助他减少焦虑。这将增强孩子对场面的掌控感，并使承担风险变得更容易。

如果你的孩子在社交技能方面确实有问题，那么在练习面对社交挑战之前需要先努力提高社交技能，这对他来说非常重要。否则，他很可能会经历持续的、真正的社会不认可。一旦他有所进步，继续面对社交挑战将有助于他保持和提高自己的技能。

改善焦虑认知的积极养育步骤

父母可以采取许多措施来帮助青少年在面对社交情境时不那么恐惧，通过苏格拉底提问法来识别并质疑青少年对其社交状况的特定非理性想法。父母甚至可以利用这种提问来质疑那些引发青少年社交焦虑的深层次信念。用这种方法来提问的好处是，与直接提建议相比，青少年往往更容易接受苏格拉底式的提问，同时父母也能通过这些问题来引导焦虑的青少年朝着正确的方向思考。

帮助孩子识别社交恐惧

为了减少引发社交焦虑的可怕想法，首先你必须帮助孩子注意到这些令人烦恼的想法。你可以通过问如下问题来做到这一点，这些问题将促使孩子识别具体的担忧：

- 如果人们注意到你犯了错误，会发生什么
- 你担心人们对你的看法吗

- 你认为在这种状况下会发生什么

请记住，担忧也可能以心理意象的形式出现。比如，你的孩子可能在脑海中清晰地想象出了社交时别人不认可他的画面。我的一位青少年来访者就是这样，在想象里她看到自己处于所有人都指着她、嘲笑她的一个场景中。父母要留意孩子具体的想法和心理意象，全面了解孩子的恐惧。接下来，是时候帮助孩子克服这些恐惧了。

帮助孩子用不同的视角看待社交情境

当在社交环境中过于害怕危险时，青少年会回避冒险。所有有社交焦虑的青少年的父母都知道，无论大人如何劝导，让孩子明白他们的恐惧是没有根据的都是一件很难的事。所以重申一下，达到目标的最好方法不是和他们讲道理，而是向他们提问。通过提出有针对性的问题，你可以引导孩子注意到并质疑令他焦虑的想法。

以下这些问题可以帮助孩子改变看待社交情境的方式：

- 真的有必要表现得那么完美吗？还是人们其实并没有期望你做到这一点
- 你的担忧是否有可能夸大了你觉得自己看起来很蠢的想法
- 你是否可能因为他人对你的评价夸大了某件事情的

重要性

- 有没有这样一种可能：他人并没有像你想的那么密切关注着你

你不需要问所有的问题，而且你可能需要根据特定的社交情境对这些问题进行修改，只要掌握了要点就行。这些问题可以帮助你的孩子开始质疑导致社交恐惧的消极想法。

在开始挑战社交恐惧时，青少年可以在下述句子中填空：

即使我害怕 ______ ，这件事也不太可能发生，因为 ______ ；而且就算发生也没有那么糟糕，因为 ______ 。

帮助孩子切合实际地看待自己的表现

自我展示一旦结束，有社交焦虑的青少年就会苛刻地评价自己的表现，并猜测他人对他们的看法也很差。对于有社交焦虑的青少年来说，表现无论大小，甚至包括参与的日常对话在内，都像表演！这种自我批评的问题在于，它只会验证那个存在于焦虑的青少年头脑中的非理性信念，即他的行为是愚蠢的，且每个人都这么认为。以下这些问题可以帮助你的孩子回击他对自己社交失误的担忧：

- 有没有可能你的表现没有你想象中那么愚蠢

- 有没有可能人们并不认为你的行为令人尴尬
- 甚至来说，人们有没有可能会喜欢你的行为方式

问这些问题的目的是让青少年养成先思考令他们恐惧的想法的习惯，并意识到他们的想法只是看待情境的一种方式。然后，他们可以想出看待情境的另一种方式，这种方式不一定都是积极的，但对他们来说却是现实可信的。这一点很重要，因为焦虑的青少年很难相信完全积极和不切实际的想法。

识别出长期存在的信念

功能失调的信念是驱动焦虑和非理性思维的引擎，这种信念具有持久性，会影响孩子对潜在的不被认可的社交情境的看法，例如，完美主义在有社交焦虑的青少年中盛行，他们认为表现得不完美是不可接受的（第六章会帮助你更好地理解完美主义）。当孩子识别出他焦虑的想法时，你也可以仔细倾听，以了解他心中潜在的核心信念。大多数功能失调的信念都与过分严格的行为规则有关。你的孩子是否觉得任何人在任何时候都必须认可他？如果这一信念影响了一系列想法和情境，那么你就找到了功能失调的核心信念。以下是一些有社交恐惧的青少年持有的功能失调的信念：

- 我什么事都做不好
- 我是这个世界上最无聊的人

- 如果我不能每次都把事情做得很完美，人们就会否定我
- 人们一直在留意我，看我是否犯错误

你可以通过询问情境所具有的意义来进一步探究核心信念。比如，当孩子说出一个令他恐惧的想法时，你可以问："这意味着什么？"有时，为了确定核心信念，你必须反复询问某个情境的意义，直到你触及问题的核心。比如，当詹姆斯被问到去参加舞会没有舞伴意味着什么，他会说："我将是唯一一个没有舞伴的人。"如果继续询问："没有舞伴意味着什么？"他又会说："意味着我是一个彻底的失败者。"询问情境的意义就像剥洋葱一样。最终，青少年将表达出他们真正持有的核心信念。

建立更健康的信念

青少年可以通过认真思考自己生活中的证据来克服功能失调的信念和期望，这些证据有助于对抗消极信念。如果你发现孩子表达了消极的信念，以下几个问题将有助于引导他对自己和世界形成更具建设性的信念：

- 你的朋友对你的评价会和你对自己的评价一样消极吗
- 你的哪些经历与你对自己的信念相矛盾
- 世界上是否有人不像你想的那样挑剔

在青春期，青少年很容易缺乏社会安全感，会认为每个人都在关注他们，并总是在评判他们。这个信念很难改变，但你可以尝试解释一下为什么这个信念是错误的。“你是不是一直在评价你朋友的行为，哪怕他犯了最小的错误也不放过？”这个问题可以帮助孩子认识到这种信念的谬误。他很可能会回应：“当然没有！”然后你就可以说：“你看到了吗？你认为所有人都在苛刻地评价你，这种想法是不是太极端了？”

核心信念是不容易改变的，因为它们通常是通过大量经验建立起来的。然而，当你用渐进的方式，温和地用这种类型的问题引导孩子，他将有机会改变他的信念。别忘了，作为父母，你对孩子的信念体系具有强大的影响力。所以，你可以慢慢地、温和地推动孩子前进，让他不再那么苛刻地看待自己。

将恐惧和错误正常化

有社交恐惧的青少年的一个基本问题是，他们认为自己与世界上的所有人都不同。虽然有社交焦虑的青少年比一般的青少年有更频繁和更严重的恐惧，但他们需要知道，在不同的社交场合中感到害怕这一情况是非常普遍的。你可以向孩子解释，每个人在演讲、表演或与陌生人见面之前都会紧张。由于有社交焦虑的青少年害怕别人注意到他们的恐惧，因此要帮助他们看到人们有时举止紧张，或看起来很紧张（例如脸红）是很正常的。

许多青少年可能也没有意识到人们在社交方面犯一些小错误是很常见的。在演讲中卡壳、忘记某人的名字，或者讲一个不那么有趣的笑话，这些行为都不完美，但我们都会这样。向孩子展示他的错误并不罕见或异常，将可以帮助他改变对自己的看法。

改变恐惧行为的积极养育步骤

一旦你邀请孩子审视他对社交情境的夸大和毫无根据的看法，你就必须为减少回避和鼓励积极的社交行为奠定基础，这一点非常重要。接下来，当你的孩子有更充分的准备了，他就需要逐渐面对更加困难的社交情境，以真正克服焦虑。

预防惊恐

有时，青少年在面对社交场合时会出现许多惊恐和焦虑的躯体症状，例如头晕和颤抖。在敦促孩子尝试挑战之前，我们应该教他们使用一些工具，以缓解他们焦虑的躯体反应。在第八章中，我们会讨论一些缓解躯体痛苦的好方法。例如，腹式呼吸法可以帮助他们缓解或防止因惊恐而出现呼吸过速。学习一些减少焦虑躯体症状的方法可以帮助你的孩子减少对挑战的恐惧。

在面临有挑战的情境时进行自我对话

你的孩子还可以通过为应对痛苦做好准备来更好地容忍他将面临的情境。你是否有注意到那些不太害怕社交的人会告诉自己一些事情，以帮助他们度过特别困难的时期？运用这种方式对大多数人来说是非常自然的。比如，一个自信的青少年内心会想，只要我克服一开始说话时的紧张，之后就没事了。有社交焦虑的青少年则相反，他们只会想到未来可能会出现各种各样的问题。因此，青少年在头脑中刻意地做出所谓的应对性陈述通常是有帮助的。理想情况下，应对性陈述并不都是积极的，而是要考虑到真实的挑战和现实情况下可能出现的结果。以下是一些在展示时出现担忧的应对性陈述：

- 有焦虑感是很正常的，焦虑不会伤害我
- 这一过程会让我感觉很艰难，但我可以坚持下来
- 人们可能会注意到我犯的一些错误，但也会注意到我做得好的地方

如果你的孩子感兴趣，他甚至可以在一张索引卡上写下一些自己的想法，并称之为“应对卡”。大多数孩子更喜欢自己去做这件事，因为最了解他们的焦虑的人是他们自己。在面对挑战之前回顾应对卡是最有帮助的。不过如果你的孩子已经陷入了困境，他也可以在直面恐惧的过程中使用它。他应该在进行这一过程之前先试着消除他的担忧。然而，在直面恐惧之前使用应对性陈述则可以帮助他克服更多的困难。

减少安全行为

正如第四章所介绍的，安全行为会让焦虑者在引发焦虑的情境下感觉更舒适、安全。但问题是，这些都是不易察觉的回避形式，会让人感觉不到焦虑情境的全部力量。当青少年采取安全行为时，他们永远不会知道没有安全行为他们也能应付，因此安全行为会让他们一直焦虑。安全行为甚至会让一个人看起来不善于社交，这是有社交焦虑的青少年最害怕的！以下是焦虑的青少年在社交场合经常使用的安全行为的一些例子：

- 和群体中看起来不那么有威胁的人说话
- 说话声音很小或低着头，以减少别人对自己的注意
- 学校举行舞会时逃到卫生间
- 坐在房间的角落或者后排
- 很少参与小组讨论
- 通过喝酒来缓解紧张

我们可能需要像侦探一样仔细地观察才能识别出安全行为。但你也可以直截了当地问："在这种情况下，你是否会做些什么来缓解焦虑或减少别人的不满？"青少年需要通过逐渐减少这些安全行为来学会直面恐惧。

> 你的孩子如果采取了安全行为，就永远不会知道他所面临的情况并不危险，因此他的恐惧会持续存在。

找到需要改变的行为

将社交焦虑视为一种恐惧症可能会有所帮助。有恐惧症的人会避开自己所害怕的物体，例如避开高处。有社交焦虑的人则会回避社交场合，因此我们的目标就是逐渐减少这种回避。在做到这一点之前，我们必须确定需要改变的行为是什么。你可以鼓励孩子思考：我在以什么具体直接的方式或不易察觉的方式回避社交场合？比如，蒂娜不想请朋友到家里玩、在课堂上举手，或在课堂辩论中发言，这些都是行为改变上的潜在目标。

> 鼓励孩子列出所有他回避的社交场合，帮助他回忆起那些即使很小的回避行为和安全行为，例如说话频率降低。

记住，焦虑的青少年其实很想参加社交活动，但焦虑会阻止他们这样做。因此，对于青少年来说，一个确定需要改变的行为的简单方法是让他们列一个清单，写下自己在不那么焦虑的情况下想做的所有事情。这份清单必须要针对他们所害怕的事情。例如，16 岁的青少年阿曼达的清单是这样的：

- 邀请朋友来家里做客
- 在课堂上回答问题
- 课下问老师问题
- 在人群中大声说话

- 给一群朋友讲个笑话
- 和一个不熟悉的人说话
- 发表一个演讲

列清单时，鼓励孩子设定切合实际的目标，比如与一个新朋友交谈，或者邀请一个朋友做客，而不是尝试在音乐剧中担任主角！一旦孩子列出了他的清单，下一步就是让他根据每种行为引发的焦虑程度打分。如果很难决定不同焦虑等级的分值，他可以简单地将每种行为引发的焦虑水平按低、中、高进行划分。

一个重要的提示：你不能替孩子创建这个列表，也不能出于任何原因强迫他去做他还没有准备好的事情。恐惧是因人而异的，某件事可能会引发一个有社交焦虑的孩子的焦虑情绪，但对另一个有社交焦虑的孩子来说可能并不可怕。这里还有一种可能：你建议孩子练习的行为对他来说太困难了，但是你没有意识到。孩子需要在这个过程中有掌控感，因为一般来说，焦虑会让每个人产生失控感。迈出挑战恐惧的第一步是最困难的，我们希望青少年体验成功，以便他们继续面对更具挑战性的情况。

逐步面对社交恐惧

下一步是让孩子列出他一直在回避的社交情境，并根据这些情境可能引发的焦虑程度对其进行从最容易到最困难的排序（关于如何创建挑战阶梯，请再次参阅第四章）。记住，在每种情境下，尽管他感到焦虑，他都应该坚持下去，并试着完全消除他的安全行为。他应该在每一个情境下进行多次练习，直到可以自如应对，这时他就可以继续面对下一个情境了。如果他意识到直面恐惧比最初想象的要容易，他甚至可以重新审视这个列表，添加一些更具挑战性的目标。

暴露可能需要一些时间，对孩子来说是一个挑战。以下是一些提高暴露练习有效性的提示：

- 确保暴露的频率，使其足以产生效果
- 如果孩子认为暴露并不能消除焦虑，你可以提醒他练习的目标不是完全消除焦虑，而是容忍新的情境
- 当孩子拒绝难度大的暴露时，你可以对他的担忧持续表达理解，并对他的再次尝试表达信心

用最勇敢的方式测试信念

到这里，我们一直在讨论逐步练习那些通常因恐惧而回避的行为，其实，还有一种策略可以进一步完善已经取得的成果：当一个令我们恐惧的想法告诉我们不要做那些会造成灾难的事情时，我们可以故意与这个想法对着干！在第二章我们就讲过，这是克服焦虑的最好方法。在社交焦虑的情形中，孩子的焦虑想法不断地告诉他要避免社交失态。因此，要挑战这些想法，你的孩子不仅要停止回避社交风险，还要故意犯社交错误！

为什么故意犯“错误”会有帮助呢？你可能觉得这样做会让孩子面临糟糕的社交后果，但有社交焦虑的青少年所认为的严重

错误事实上往往非常微小，并且几乎没有什么不良的后果。有社交焦虑的青少年往往追求完美，并认为一个小错误就会酿成大祸，故意犯一些小错误会让他们意识到这并不是真的。

以下是你的孩子可以尝试的一些例子：

- 在体育课上做一稍稍有点儿傻的举动
- 在公共场合大声咳嗽
- 把书掉落在学校走廊上
- 在交谈过程中停顿几秒

还记得我们在本章开头提到的罗伯特吗？为了面对他最深的恐惧，他可能需要故意做一些事情来引起人们对他的注意，比如在餐桌上大声说话，而不是想着隐藏其中。通过犯错误或引起他人注意的方式检验自己的完美主义社交信念，青少年会意识到这其实并没有什么大不了的，事实上，人们对此往往没有什么回应，这会帮助他们缓解总有聚光灯照在他们身上的感觉。他们还会发现，即使在社交场合真的引起了他人的注意，或出现不被认可的情况，他们也是可以忍受的。我们所有人都有出糗的时候，所以有社交焦虑的孩子不可能永远避开这种情况。他需要知道当这种事情自然地发生时，他是可以应付的。再强调一下，你的孩子可以从犯一些大多数人都不会注意到的小错误开始，然后逐渐尝试一些更大的社交失误。

通过直面恐惧，青少年会学到什么

如果你的孩子尝试逐步地直面恐惧，他可以期待哪些事情的发生呢？如果任务中的挑战级别选择得当，他应该会经历一些焦虑，但应该是可以容忍的程度。如果他完全不焦虑，那说明任务太简单了。此外，如果他对一个困难的挑战进行持续练习，随着时间的推移，它会变得越来越容易，因为随着他不断练习，他会对自己和自己能做的事情有新的了解。

通过直面社交恐惧，青少年可以学到很多有用的东西。他们会明白自己可以忍受一定程度的焦虑引起的不适，这种不适通常会随着反复练习而减轻，而经历焦虑本身并不危险。即使在这一过程中遇到了一些小小的社交挫折，他们也会意识到情况并没有那么糟糕，而且他们有能力应付。更重要的是，他们通常也会意识到他们对社交环境危险的焦虑想法和信念往往过于极端，甚至是完全错的。换句话说，相比于只是驳斥自己的恐惧，他们在用这种方式向自己证明，情况并没有他们想象的那样危险。

以下是一些我治疗过的青少年所经历的想法和信念的变化：

“我在回避跳舞，因为我觉得我看起来很滑稽，但最终我决定去跳舞。我想每个人跳舞时看起来都有点儿滑稽，不仅仅是我自己。这样做并没有那么糟糕。”

“我上课从不举手，每当回答错误时，我总是担心人们觉得我很愚蠢，但在不断练习举手之后，我意识到没有人真的在乎我的回答是对是错。”

“我一直都不想在餐桌上说太多话，我以为他们都暗自觉得我很难相处，但当我真的开始说更多的话时，我很好地吸引了大家的注意。我想我的交谈能力并没有我想象的那么差！”

小练习

我的孩子学到了什么？

如前所述，暴露的力量很大程度来自与之相伴随的认识更新。青少年会明白他们本以为会发生的事情并不会发生，或者没有那么糟糕。为了帮助孩子巩固这种认识，在他攻克了一个具有挑战性的行为后，可以温和地问他一些问题，例如：

- 关于你的这种恐惧，你都学到了什么
- 这个场景是否像你想的那么糟糕
- 你有没有发现你本以为会发生的糟糕事件其实并没有发生
- 你有没有发现随着时间的推进，这件事变得越来越容易
- 你完成了一件这么有挑战性的事情，你是否为自己感到骄傲

这一新的认识所创造的动力可以帮助我们采取进一步措施来直面恐惧。

孩子是否有社交焦虑障碍

社交焦虑障碍是一种常见的青少年焦虑障碍。值得注意的是，对于青少年来说，这种疾病通常始于童年晚期到青春期早期（大约 13 岁）这个时间段，如果不进行治疗，它基本上会持续到整个成年期。因此，快速识别并阻止这种疾病的发展至关重要。

社交焦虑障碍会引发很多问题，当然，最大的问题是它对社交功能的影响。与没有社交焦虑障碍的青少年相比，患有社交焦虑障碍的青少年感到更加孤独，朋友更少。他们也会经常担心，并可能会经历惊恐发作。这一障碍也会引发抑郁和药物滥用，当有社交焦虑的青少年滥用药物时，他们通常是为了缓解焦虑感。

怎样知道孩子是正在经历一个典型的青春期阶段，还是真的有社交焦虑障碍？你需要从两个方面来看待这个问题：他表现出了多大的痛苦，以及他的社会功能受到了多大影响。如果你的孩子正遭受着强烈的痛苦，并且日常功能严重受损，那么他就更有可能已经患有这种障碍。孩子越回避，他的焦虑就越有可能发展成严重的问题。

如果你和孩子尽了最大努力，但孩子的社交焦虑水平仍居高不下，那就应该找一位这一领域的专业人士寻求帮助了。结合孩子在本章中已经学到的技能，这样做可以帮助孩子在问题变得更根深蒂固之前克服它们。

怎样才算成功战胜社交焦虑

通过使用本章讨论的技巧，有社交焦虑的青少年可以在减少痛苦和回避方面取得巨大进步。重申一下，社交焦虑会阻止青少年做他们真正想做的事情。当青少年取得真正的进步时，他们会发生显著的积极变化！青少年将开始承担有意义的社交风险，例如向新朋友做自我介绍，或在课堂上发言，并取得令人满意的结果。他们会更轻松地看待自己的行为，接受自己像其他人一样犯错误、没有人是完美的。最后，他们会意识到聚光灯并不会一直照在他们身上，所以他们的行动会变得更自由、更放松，对尝试新体验采取更开放的态度。我曾帮助过一位青少年学着承担社交风险，后来他如释重负地对我说道："学校里的每个人终于都认识了真正的我。"

第六章

追求完美的青少年

正视完美主义和拖延

萨拉的故事：离灾难一步之遥

萨拉是一名成绩优异的高三学生，她为自己总是“尽力而为”而感到自豪。除了成绩优异，她还是校管弦乐队的小提琴手，并有长时间编辑校报的经历。在所有人看来，她似乎对自己信心满满；然而，别人并不知道的是，萨拉已经陷入了焦虑状态之中。她总是担心她会让老师、父母，尤其是自己失望。这些担忧驱使着她无休止地追求完美。

这一周萨拉过得尤其艰难。周一，她非常担心老师会认为她的历史短文“很令人失望，不专业”，所以花了很多额外的时间来完善它。在周三的管弦乐队音乐会上，尽管指挥称赞了她，但她还是觉得因为自己犯的一个小错误，这场小提琴独奏被毁了。周五，尽管看到英语成绩高于平均分，但她还是焦虑不已：“我什么都做不好。”

理解青少年的完美主义

对于像萨拉这样的完美主义者来说，他们的表现只能通过一个标准来判断——是完美的还是失败的。因此，他们在心理上处于走钢丝的状态，全神贯注于目标的实现，时刻担心错了一步就会让他们走向毁灭。当完美主义者达不到自己定义的成功的绝对标准时，他们就会对可能发生的一些坏事感到恐慌。此外，他们还会因为无法充分发挥自身能力而感到羞愧，自我价值感也会因此降低。

你的孩子是否：

- 总担心自己的表现不够好
- 在犯错误时会变得非常沮丧
- 过度地检查或修改自己的作业
- 由于担心无法做到完美而出现拖延的情况
- 忽视自己的表现中好的一面
- 即使表现很好，看起来也很焦虑
- 将自身表现中的错误和受到的批评视为失败的标志
- 过度关注外表

所有这些问题都是完美主义在青少年身上的体现，青春期使完美主义在青少年身上有了很多可乘之机。由于身份认同的不断变化，青少年开始将自己与他人进行比较，并怀疑自己是否有能力和价值。父母和青少年对学业的要求也会无意中加剧青少年的完美主义。后来，它就成了一种维持自我价值和回避失败的策略。

> 完美主义者不断以苛刻的方式评价自己的表现，但这样做会产生焦虑和恐惧。

是积极进取还是追求完美

有许多青少年能够为自己设定积极的、通常很高的目标，并朝着这些目标努力，而不会陷入不健康的完美主义。这里，问题的关键在于如何区分健康的积极进取和破坏性的完美主义。

积极进取与完美主义的本质区别在于青少年评判自身能力和自我价值的标准。追求完美的青少年设定了不切实际的、僵化的高标准，如果不付出巨大的成本，这些标准往往无法达成。完美主义青少年还将自我价值感与完美行为、个人的完全实现联系起来。由于一切都与完美主义者的成就有关，实现目标的过程本身就充满了压力，因此，他们往往也无法在实现目标的过程中感受到乐趣。相反，他们会一直生活在焦虑的状态中。

积极进取者会设定切合实际的目标，这些目标不需要他们付出太大成本就可以实现。与完美主义者不同，他们喜欢为自己设定富有挑战性的目标，而不害怕这一过程。当积极进取者犯错误时，他们将其视为一种能够让自己改变行为或修改目标的方式，而不是对自尊的打击。积极进取者不会过分担心失败，也更容易从不太好的表现中恢复过来。

完美主义者	积极进取者
对个人表现有不切实际的目标和标准	为追求卓越设定较高的但切合实际的标准
无法容忍不完美的表现	喜欢自我挑战，不过多考虑结果
认为失败标志着能力的不足	能承受失败和失望
认为犯错是无法容忍的	将犯错看作成长和学习的机会
行为准则和信念僵化	根据任务的重要性调整他们的努力程度

完美主义最终会引发焦虑和担忧，而积极进取则可以推动健康的成就和快乐。下面的小练习将帮助你练习如何区分两者。

小练习

积极进取 vs. 完美主义

浏览下面这几个例子，判断它们属于积极进取还是属于完美主义。

1. 我必须时刻都做到卓越。
2. 我为自己设定了高标准，当达到这些标准时我感觉很好。
3. 我喜欢督促自己做得更好，从错误中吸取教训。

4．如果我在一项作业中表现不出色，我担心所有人都会对我失望。

5．如果考试没考到理想成绩，我会感到不安。

6．如果在某件事中犯了错误，我会对自己感到愤怒。

7．当我完成了原本认为自己做不到的事情时，我会感到很高兴。

8．我非常关注自己是否达到了我为自己设定的标准。

上述第 2、3、7 项是积极进取的例子，请注意，积极进取者有很明显的特征。他们会制订较为切合实际的标准，不仅享受结果，而且享受追求目标的过程。他们将犯错视为成长的机会。他们依然会对目标保持高标准，但不会被持续的自我怀疑和对犯错的恐惧压垮。

完美主义的陷阱

我们都知道完美主义的“好处”。青少年认为，如果他们每件事都做到完美，取得完美的成绩，展现出卓越的天赋和完美的行为，他们就不会失败，能够找到自我价值，并能获得社会声望。然而，完美主义也有巨大的负面影响，其中很多并不会立即显现出来。在阅读本节时，请记住孩子的完美主义是如何表现出来的，这将帮助你找到可能的干预方式。

混乱的任务表现

焦虑的青少年往往没有意识到完美主义会对他们完成任务产生多大的负面影响。最重要的是，他们无法接受任务中存在缺陷时还继续推进其进程，这可能会阻碍任务的完成。比如，一个青少年会在规定的最后期限之前反复修改他的文章。他为这个任务花费了130% 的精力，而这些多出来的精力原本可以用来完成其他任务。

完美主义还会导致一系列其他的学业问题。当追求完美的青少年不停地担心自己做得好不好时，他们的注意力就无法再放在手头的任务上。他们过度劳累的倾向会导致疲劳和睡眠不足，从而影响到他们的学习。拖延和优柔寡断源于完美主义，因为避免做出危险的选择似乎能够很好地减少焦虑。完美主义者还往往将自己的错误视为威胁，而非成长的机会，这会阻碍学习、削弱动力。

> 完美主义能导向成功是一个误区。一个人如果花费太多精力回避、拖延，并将错误视为威胁，反而会难以完成任务。

过高的考试焦虑

在完美主义青少年的世界里，考试中的每一个题目都有非常重要的意味，不仅仅代表着是否他们知道答案，更重要的是代表着他们是否聪明或有能力，甚至意味着他们是否会在生活中获得成功。完美主义者会对自己的考试表现设定几乎无法达到的高要求，同时他们会担心如果没有达到这些要求，就一定会发生非常可怕的事。

过分看重成绩自然会引发焦虑。完美主义者在考试前往往会感到极度恐惧，在考试期间可能会出现注意力不集中和急性焦虑的情况，甚至会出现全面的惊恐症状。因此，完美主义往往会使得事与愿违，有时甚至会让人表现更差就不足为奇了。

与身份认同有关的担忧

青少年和年轻人试图让自己看上去非常镇定，并把他们所有的焦虑和内心挣扎隐藏起来，这种状态被称为“鸭子综合征”。想象一下，一只鸭子似乎毫不费力地滑过水面，但与此同时，它的脚蹼在水下疯狂地划水！对于追求完美的青少年来说，这是一个很生动的比喻，尽管压力很大，但他们会努力表现得沉着冷静。这一词语最初是在斯坦福大学被创造出来的，但这种行为在高中和大学校园都很普遍。在同龄人、老师，甚至是在父母面前，这些青少年都很好地隐藏了自己的压力和焦虑，表现良好，他们通常是模范学生，成绩优异。

完美主义者认为，向世界展示他们的挣扎是软弱的表现。然而，维护这种表象需要付出巨大的成本。这种为维持表象做出的努力会使害怕失败的青少年拒绝冒险尝试新事物。最重要的是，如果要应对压力，我们必须先承认压力的存在，并努力应对，而不是加以掩饰。这种对焦虑的掩盖会加剧孤独感和抑郁情绪，并引发进一步的焦虑。这些青少年会感觉他们在孤独地应对问题。

情绪痛苦更强烈

未经审视的完美主义会导致许多其他的问题，它与慢性焦虑、表现焦虑和社交焦虑有关。在后一种情况下，完美主义者会认为别人对他们的要求和他们对自身的要求有一样高的标准，因此会不断地批评自己。完美主义者总会在出现错误时责备自己，他们的完美主义削弱了他们应对压力时的复原力，即从困难中恢复过来的能力。当一个人认为所有的缺陷和弱点都不可容忍时，这会严重损害他的自尊心。他还会经常产生无价值感，这可能会引发抑郁情绪，如果原本就有这种情绪，无价值感将会使其加剧。过分追求外表的完美甚至会带来身体上的问题，饮食障碍的风险也会提高。

小练习

完美主义如何阻碍了我们?

以下练习不是实验室测试，也无法确定你的孩子是否有完美主义。然而，你的孩子符合的项目越多，你就越需要注意完美主义是如何阻碍你孩子的生活的。

我的孩子

○ 经常设定不切实际的目标和标准

○ 犯了一个很小的错误就会非常不安

- ○ 似乎只对完美的结果感到满意
- ○ 当一个重要的目标没有达成时会非常沮丧
- ○ 似乎过分专注于避免任何失败
- ○ 无法很好地接受批评
- ○ 试图给他人留下一个完美的印象
- ○ 即使达成了目标，也会自我批评
- ○ 很难从一次糟糕的表现中恢复过来
- ○ 即使做得不错也表现出紧张和担忧
- ○ 经常拖拖拉拉、优柔寡断
- ○ 为了做到完美，会一直努力到筋疲力尽
- ○ 过度检查自己的作业
- ○ 在考试前或考试期间因害怕失败而恐慌
- ○ 因为害怕失败而不愿意尝试新鲜事物

关于孩子的完美主义，你注意到了什么？它是如何阻碍孩子的成长的？

试着问自己同样的问题，看看你自己是否也会被完美主义所影响。了解你是如何陷入完美主义行为的，将有助于你理解孩子的完美主义。

完美主义带来的错误思维

完美主义者经常会犯思维错误（常见的思维错误列表见附录B）。事实上，完美主义的标志是“全或无”思维模式，倾向于以非黑即白的态度看待事物。完美主义青少年将能够百分百成功作为评判自己行为的标准。

完美主义者经常忽视追求目标过程中那些积极的方面，他们犯了一个思维错误，即忽视积极因素。他们只关注负面的结果，不管它有多小，这个思维错误叫作心理过滤器。他们也会错误地认为他人总是对他们的表现做出负面评价，并对他们感到非常失望，这个思维错误则是揣测他人心理。他们还担心不完美会引发让人无法接受的灾难，这是灾难化的思维错误。

还记得那位高三学生萨拉吗？她刚刚度过了糟糕的一周。萨拉的想法展现出了一些重要的思维错误。首先，她想象老师会因为她没有提交一篇完美无瑕的短文而对她失望，这是在揣测他人心理。之后，她过度关注在小提琴演奏中犯的一个错误，这是在犯心理过滤器的思维错误。与此同时，她很容易忽视自己做得很好的积极信息，例如指挥称赞她。最后，她评价自己是无能的，这反映出的是“全或无”的思维。总之，由于陷入了这些错误思维，她无法切合实际地评估自己的表现，也无法准确地感知他人对自己的看法。

改变完美主义式的想法

当父母看到完美主义对孩子的影响时，很难不去介入并告诉他放轻松。然而，如果你告诉完美主义的孩子不要为这些事情而烦忧、他为之沮丧的事情并没有那么重要的时候，他很可能会对你的话不屑一顾。他会感觉你在忽视他迫切的担忧。帮助孩子缓解完美主义的最好方法不是直接告诉他别那么追求完美，而是鼓励他评判一下自己的想法，可以是他自己进行评判，也可以是你在他身后稍稍推一把。

你的孩子应该像对待大多数担忧那样对待他的完美主义思维，将其视为需要加以评判的事物，然后用更切合实际的想法去代替它。比如，如果有人问萨拉："以怎样的方式思考，会让你觉得现在的状况没有彻底失败？"她可能会告诉自己：我想我可以做很多事情，而且每件事都做得很好，也许情况没那么糟。如果她问自己："我是否忽视了我表现出色的方面？"她可能会意识到：嗯，我的成绩高于平均水平，我的指挥肯定了我的表现。虽然在外人看来，萨拉应该注意到她表现中的积极方面，但像她这样的完美主义者往往会变得盲目，只关注自己没有达到目标的方面。因此，这些问题有助于促使萨拉更清楚地看待自己的处境。

改变完美主义式的信念

一旦孩子对他每天都会产生的完美主义想法提出质疑，你就可以帮助他克服坚持完美主义的长期信念。

想象一下，你对自己说，只有把每件事情都做好，才能成为一个有价值的人。这种想法对自尊心的危害是显而易见的。然而，完美主义青少年通常会用这种潜在的、极端的标准来规束自己的表现。他们坚持以严苛的规则来审视自己，并认为他人也会以同样的标准来评判自己。完美主义者需要知道，尽管他们犯了错误，但他们仍然会被他人悦纳，仍然是有价值的人。

鼓励你的孩子发展更加灵活的自我观。你可以从让孩子了解什么是判断一个人价值的合适且健康的标准开始。比如，当孩子再次认为自己失败时，你可以说："我们都有失败的时候，但这并不会掩盖我们的成功或我们是谁。有哪些方法可以让你对自己更有信心一些呢？"你也可以在与孩子的互动中鼓励他对成功做出更广泛的理解。询问他关于成功人士的具有普遍性和挑战性的问题，以帮助孩子驳斥错误想法。比如，你可以问如下问题："是不是成功的人从不犯错误？""如果一个成功人士犯了错误，这会让他再也没法成功了吗？""即使有些人不喜欢你的表现，但你的表现有没有可能依然是有价值的，甚至是很棒的？"用那些将每次失败视为学习机会的著名发明家举例可能会有所帮助。比如，可以考虑用爱迪生的这句名言："我没有失败。我只是找出了一万种不会成功的方法。"对自己和世界持有更健康的信念将可以减少孩子的完美主义和焦虑，这个过程虽然缓慢但却是强有力的。

> 仔细倾听孩子的言谈。当他反复用“我必须一直”“我应该”或“我必须”等短语为自己的表现设定目标时，他可能表现出了僵化的完美主义信念。

在完成任务过程中减少完美主义

完美主义会从各个方面影响任务的执行，从设定目标到担心能否达到目标，最后到对整个目标进行苛刻的评估。父母通常最了解完美主义是如何造成青少年疲惫不堪并让他们惊恐不已的，在最坏的情况下，完美主义甚至可能会导致任务的失败。以下这些方法可以帮助我们减少这个过程中每个阶段的完美主义思维。

设定未来的目标

完美主义者通常会设定完全不切实际的目标，这无形中增加了他们无法实现目标的可能性。如果你怀疑孩子设定了一个不切实际的目标，你可以温和地问他目标是否有可能实现。弄清楚这个问题的一种方法是让他在 1 ～ 100 的范围内对自己在截止日期前达到目标的可能性进行打分。如果得分没有超过 75，那么他可能需要修改目标。你也可以问他，他的目标到底是对他去做这项作业产生了激励作用，还是在起反作用。很多完美主义青少年将目标设定得过高，以至于任务似乎无法完成，这降低了他们的动力。鼓励孩子设定既具有挑战性又可以实现的目标。

向一个目标努力

完美主义者一旦设定了一个目标，往往就会认为这个目标不可能实现。他们会低估自己的能力，过分关注自己的弱点。他们也害怕失败，并且经常对所出的错进行灾难化思考。为了帮助孩子降低对目标的恐惧感，你可以问："尽管这项任务具有挑战性，但有哪些方法仍然可行并能顺利实施？"如果孩子正在使用灾难化思维，你可以问："尽管你在作业中遇到了一些麻烦，但怎样做可以让结果重新变好？"这能减少他的挫败感。这样提问的目的是减少孩子的极端完美主义思维，并将注意力重新放到具有建设性的行为上。

回顾过去的表现

当自己的展示结束时，完美主义者总是以不必要的高标准来评判自己，进而引发持续性焦虑。他们会夸大错误的重要性，弱化自己的成功。这个负担已经很重了，但除此之外，他们还非常担心会让自己重视的人失望。下面的几个问题都是为了让完美主义者克服在评价自己表现时所运用的非黑即白的思维和灾难化思维。请注意，对孩子来说，集中问他们所有的问题会让他们有点儿难以承受，所以可以选择其中几个问题来帮助孩子更切合实际地评估他的表现：

- 是否有方法判断你的表现不全是坏的，也有积极的

部分
- 你的朋友会如何评价你的表现
- 怎样做可以让结果对你来说没有那么非黑即白
- 你是否在放大对自己的批评，而忽视别人对自己的肯定
- 人们是否有可能并不像你所担忧的那样对你失望

通过这种方式后退一步，并评估自己的想法，孩子将能够更好地应对具有挑战性的情况，而不会陷入严重的焦虑和惊恐当中。

尝试减少完美主义

减少完美主义的关键在于改变一个人的想法和信念，但这不仅取决于孩子的想法，也取决于孩子的行为。追求完美的青少年非常不愿意改变他们的行为，他们担心这么做不是一种选择，而是一种必然。他们担心他们放松哪怕是一点点，全世界都会发现他们是多么的无能。最重要的是，他们没有检验过是否有必要追求完美。相反，他们更关注那些似乎证实了自己信念的结果。以下是一些通过改变行为来改变完美主义信念的方法。

进行迷你实验

挑战完美主义的一个好方法就是进行假设检验，完美主义者对改变自身行为可能导致的后果所做的那些假设或信念有错误之处，这个方法正基于此。你的孩子可以通过做迷你实验来验证他的预测是否正确。比如，如果孩子认为他必须把自己的文章修改五遍才能提交，否则它将毫无价值，那么在实验中他可以改为修改四遍，并关注这会对他的成绩产生什么影响。如果孩子担心说错话会被嘲笑，他可以故意犯一个小错误，然后他就会发现其实并没有什么可怕的事情发生。

当然，我们不要设计那些可能会出问题，或者会产生大量焦虑的实验。我们只要减少一点点完美主义，并观察结果就可以了，这种情况会更容易被接受。我们要提醒青少年，他们的表现可能不会像之前那样分毫不差，也有可能会出现一些很小的负面后果，但这比过度努力或避免出错带来的后果要好得多。

大多数情况下，成功做完这些实验的青少年会发现，改变自己行为的自由度远比想象中要高。他们会认识到他们关于表现的完美主义信念是僵化且不正确的，完美主义不但没有帮助他们维持生活的秩序感和掌控感，反而常常使他们的处境更加糟糕。对于一个从未质疑过自己应对方式的青少年来说，这可能是一个很有帮助的发现。

练习非完美主义的行为

鼓励非完美主义行为的最佳方法是使用“暴露与反应预防”策略，如第四章所述。在这里，练习暴露意味着故意做一些不太“完美”的事情，并忍受其带来的焦虑。对于一个过分注重整洁的有完美主义的幼儿园学生来说，涂色时故意涂到线条外面可能就是一项暴露任务。完美主义青少年的暴露任务当然更复杂，但遵循的原则类似，就是去做那些与完美主义相悖的事情。你的孩子应该从简单的挑战开始，逐步应对更难的挑战。

为了确定暴露的目标，你可以想想孩子能够如何改变他的行为来应对完美主义思维。通常，完美主义行为与我们平常做的事情类似，比如检查某件事是否正确，但它出现得太频繁或太强烈。有些完美主义者会为了避免犯错而列大量的清单，那么逐渐减少清单的制作将是一项有用的暴露任务，完美主义者可以进行反复练习，直到感觉不那么焦虑。如果你的女儿早上花在发型和化妆上的时间过多，她可以练习更快地完成这些事情。如果你的儿子为了保证自己的作业没有失误而不停地检查，那么他可以在减少检查的次数方面进行练习。

重要的是要让青少年反复练习，不仅要减少那些让事情变得完美的行为，还要故意犯一些小错误。故意打破完美主义规则会让孩子意识到，完美主义并不像他想象中那么必不可少。例如，玛丽有时会一遍又一遍地重写她的作业，直到每个字看起来都很完美。笔迹看起来漂亮整洁得不可思议，但对她来说这样做的成本太大——现实就是，她无法在考场上完成考试。为了克服这个问题，她刻意练习更快、更随意地书写。随着逐渐习惯这种新的行为方式，她完成考试的效率大大提高，焦虑情绪也逐渐减少。

思考一下，你的孩子是否因为完美主义而完全回避一个情境，比如不参加学校里的戏剧试演，或者回避学习新技能。如果确实如此，鼓励他正视自己的恐惧，并让他意识到行为不完美并不像他想象的那么可怕。

> 用非完美主义的行为进行实验将会让孩子清楚他所害怕的后果不像他想象的那么容易发生，或者不像他担心的那么糟糕。

克服犹豫不决和拖延

完美主义有时会引发犹豫不决和拖延，这其实是回避的两种形式。完美主义者试图通过犹豫不决来避免做出错误的决定；拖延者觉得只要自己不开始行动，就能够避免表现不佳或失败的风险。不做选择和不开始行动可以暂时大幅度地减少焦虑，但这也会进而使得这些行为难以克服。以下是一些克服犹豫不决和拖延的方法。

练习做决定

如果你的孩子很难做出决定，首先试着与他共情，并和他沟通，毕竟，做决定对每个人来说都不容易。对他害怕犯错的心情感同身受，并帮助他看清事实：一个不完美的选择可能不会像他担心的那样带来灾难。

下一步，你的孩子要开始练习改变他的行为。做决定会让人觉得有风险，可能感觉像是要从峡谷的一边跳到另一边，但不管感觉到了什么风险，他必须平静下来，然后跳过去。焦虑的青少年需要鼓励，他们要明白，由于自身的不确定感，任何一种选择都会使他们感到怪异，因此他们不可能等到一个绝对正确的选择。生活中很少会有不让人感到紧张的“完美”决定！一旦做出决定，你的孩子要努力让自己别回头，而是向前走，去面对下一个选择。

优柔寡断的青少年需要不断练习来容忍不确定性，并做出让他们不舒服的决定（从不太重要的决定开始），以便在这方面取得进展。在大多数情况下，如果可能的话，优柔寡断的青少年最好减少必须面对的选项数量，否则很容易被这一挑战压垮。如果孩子有时确实很难做出决定，你可以在他允许的情况下，为他做决定，同时鼓励他继续就做出困难的选择进行练习。

挑战“我之后再做”的想法

要克服拖延症，重要的是转变想法，即从产生拖延症转变为战胜拖延症。当你看到孩子陷入拖延状态，以不让孩子感到烦扰为前提，提出几个关键问题。首先，你可以用问题来引出诱发担忧的具体想法。比如，如果你注意到孩子看起来很焦虑，你可以问："你是不是因为担心某些事情才这么难以开始行动？"由于担忧通常是关于未来的，你可以通过问"你今天能做些什么，就算再小的事情也可以"让孩子回到当下的生活当中。为了减少孩子对任务的恐惧感，你可以问："有哪些方法可以完成这项任务？"最后，为了强调拖延的危害，你可以问："把你的任务拖得更久有什么坏处？"通过一些练习，你的孩子也可以试着养成一种习惯，对自己关于拖延的想法发出挑战。

我会与青少年分享哲学家伏尔泰的一句格言："完美是优秀的敌人。"因为优秀会让我们沿着计划前进，并成为我们前进的动力，而随着我们不断前进，我们会变得越来越优秀。

> 为了开始做出选择并采取行动，完美主义者必须学会容忍他们决定的不确定性。

减少拖延的分步计划

完美主义者经常因为高标准而制订不切实际、过于宏大、过于耗时的计划。这样做的问题在于，过于复杂的计划具有更高的失败风险。正如谢丽尔·桑德伯格（Sheryl Sandberg）在她的书《向前一步：女性，工作及领导意志》（*Lean in: Women, Work and the Will to Leader*）中所说，"完成比完美要好"。以下是一些为引导孩子成功制订切合实际的计划的方法：

1. **将任务分解为多个步骤**。这将帮助你的孩子看到每一步都是可行的，并提供一个能够评估他是否走上正轨的评价系统。

2. **估计任务所需时间。**在开始行动之前，你的孩子应该评估一项任务的每一步需要多长时间，然后再留出一些额外的时间，因为孩子可能会低估自己完成每项任务的时间（这是完美主义者的常见问题）。鼓励他尽可能遵循预估的时间，这需要他努力接受一些他原本无法接受的限制。
3. **确定任务中最重要的部分并确定其优先级。**一些完美主义者在任务的小细节和不太重要的部分上反复纠结，以至于他们没有时间去做最重要的事情。
4. **确定中短期的期限。**更早一些的截止日期是有用的，因为它们会营造一种紧迫感，促使青少年做出对他们而言艰难的选择，并防止他们贪多嚼不烂。
5. **建立一个结构框架，明确任务应该在何时何地完成。**你的孩子应该找到他做事效率最高的时间和地点，并制订一个规律的时间表，以帮助他最大限度地减少回避。如果对某一行为没有期望，回避做这件事就会变得更容易。
6. **鼓励孩子关注过程而非结果。**完美主义者往往过分关注最终结果，比如能否获得好成绩，以至于他们对完成任务的过程关注不足。鼓励孩子注意到他正在做的事情的乐趣，并关注这些乐趣。
7. **关注进步的领域。**完美主义者往往只会注意到出错的事情。当下的目标是关注所有积极因素，包括已经完成的事情，而不仅仅是还没有做的事情。

8. **沿途设置奖励。**在完成一项任务的过程中，最难的部分就是开始做这件事，因此对最初行动进行奖励是一个很好的激励因素。然后，随着时间的推移，为付出的努力设置一些小奖励。你的孩子可以选择小而有创意的奖励，比如出去喝咖啡或吃冰镇酸奶。最后，为完成任务设置一个更大一些的奖励。

引领健康心态

在帮助孩子转变到更健康、更少被完美主义控制的心态这一过程中，父母能够起到很大的作用。大多数青少年确实很在意父母的想法，而且，不管他们是否愿意承认，他们的确希望父母能够为他们在社会上取得成就树立榜样。以下这些想法可供参考。

树立积极进取的榜样，并将不完美正常化

教育孩子正确处理任务的一个有力方法就是以身作则。通过你的日常行动向孩子展示你如何设定切合实际的目标、制订切合实际的计划，并了解自己的局限性。你可以和你的孩子谈论你是如何选择放弃一些事情的，尽管你有能力做得更好。如果出了一些问题，你可以对自己的努力做出既不是完美主义的又不是灾难性的判断，将错误和失败正常化。比如，你可以说：“哎呀，派

对上的这道菜做得并不完美，但味道很好，如果我保持原样地上这道菜，也不会发生什么可怕的事情。”不仅关注结果，还关注任务的乐趣，这样做也会让对成功的一维看法减少。这样的行为本质上为孩子做出了一个健康奋斗且具有韧性的榜样。

> 向孩子展示，当你的完美主义想法试图占据主导地位时你是如何反抗的。

传达你自己对成功标准的看法

正如第一章所讨论的，青少年仍处于成长阶段，大脑还在发育，并且他们也在不断探索身份认同。他们是一部正在进行中的优秀作品，要到 20 多岁才能完全发展成熟。然而，许多社会压力促使青少年以成人的方式行事，并要求他们取得巨大成就。但是，你可以选择制订自己的家庭标准。

向孩子传达他并不会被犯错所定义。让他知道，他有时间改进，而且不需要每件事都做到完美。最难的是，当孩子表现出极大的努力或对学习的好奇心，但结果并不完美时，你要对孩子进行积极强化，让他充分认识这种观点的正确性。对他的能力表示有信心，注意到并明确指出他做得好的地方。这就向孩子传达了一个信息，即我们虽然追求好结果，但这并不是人生成败的关键。

支持孩子的积极努力

一些父母担心，如果他们退让，他们的孩子就会懈怠！然而，父母可以支持孩子以积极的心态努力，这会让孩子通向成功的道路水到渠成，同时也不会有因完美主义式的努力带来的焦虑和痛苦。父母通过关注和鼓励特定的内容来传达价值观。当孩子设定了切合实际的目标，对学习充满热情，并表现出对任务适当水平的努力和承诺时，请关注并积极肯定他的行为。鼓励他将错误视为成长和学习的机会，并制订较高但可实现的未来标准。最后，鼓励他不要在赛道上全速前进的同时还试图在所有事情上做到完美。他应该调整自己的节奏，像其他积极的奋斗者一样，根据任务的重要性调整自己的努力程度。积极的奋斗者喜欢挑战自己，所以如果孩子无法在任何事情上获得任何乐趣，那这就是一种警告信号，预示着问题可能出现。

约束自己焦虑的完美主义

在完美主义的环境中长大的青少年，往往会被强加一些不切实际的高期望，他们可能会产生一种表现焦虑，从而长期害怕让他人失望。考虑到现如今越来越强的竞争压力，你是不是有时也会对孩子的行为提出完美主义式的要求？遗憾的是，担忧会导致父母对青少年产生灾难化的想法，在最坏的情况下，父母会向孩子表达这些恐惧。例如，一个青少年考试考得还不错但没达到优异，家长会说：“如果你考成这样，你就永远进不了最好的大学！”青少年可能会在不知不觉中将这种焦虑的想法内化，这可能会让他们自身的完美主义越来越严重。如果你在自己感到紧张时表达了这样的恐惧，未来请尝试与孩子讨论更切合实际的想法、对他的期望，以及信心。随着时间的推移，为了实事求是地评估青少年的行为，父母也需要挑战自己的思维错误，这一点也很重要，因为每个人都会犯这种错误。

形成新心态的信号

高成就者大多数时候不会感到焦虑，而完美主义者恰好相反。因此，高强度焦虑是一个信号，意味着父母应该介入并帮助孩子降低对完美主义的重视程度。最终，当你发现孩子从根本上改变了对成功和失败的理解时，他就成功地减少了他的完美主义。如果孩子能够容忍犯小错误并从偶尔的失败中学习，继续享受新的挑战，他的焦虑就会自然而然地减少。青少年需要时间来培养这种更健康的心态，但越早开始，他们获得成长的机会就越多。

第七章

易怒的、压力巨大的青少年

管理易怒、压力大和焦虑崩溃等情绪

本的故事：暴躁的焦虑者

本是一个焦虑的初二学生，他尝试着让自己保持冷静，但事情总是不遂人愿。由于前一天晚上熬夜，他筋疲力尽，在吃早餐时对着家人大喊大叫。之后，在社会研究课上，当他的小组努力完成他们的作业时，他想：情况太糟糕了，无论怎么做都会失败。在一次放学后的足球赛上，当他的教练因为他几次踢得不好而严厉批评他时，他想：这下好了，现在我要被罚下场了！

到了晚上，他在截止时间前一分钟写成了作文，终于可以下楼看电视了。然而，当他的妹妹来扰乱他的放松活动时，他喊道："滚开！"于是他被母亲禁足了，这变成压死骆驼的最后一根稻草。他跑回房间，砰地关上门，心想：没人理解我。

焦虑与易怒的连接

孩子的焦虑和压力有时会让他表现出最糟糕的一面，因为焦虑体验对孩子来说是非常沉重的负担。一个焦虑的青少年头脑中会浮现出各种“万一……”的情形，并会持续感知到威胁，这些都让人筋疲力尽。

焦虑和易怒是不平衡的迹象，也就是说，孩子处理问题的内在条件无法满足他对自己提出的要求。当你的孩子还是个蹒跚学步的幼儿时，他可能会用发脾气的方式来表达这种一时无法应付的情绪。快进到青少年时期，青少年面临着更复杂的挑战，这些挑战会影响他们的应对能力，也需要更强的自我控制能力，例如，一个非常害怕尴尬的青少年为了不拿低分，必须冷静地在全班同学面前做报告。许多青少年在上学期间都努力保持这种状态，这往往会导致焦虑、易怒的行为在家里爆发出来。以下是一些典型的例子，由此你可以看到青少年的焦虑是如何通过易怒行为呈现出来的：

- “妈妈，你没洗我的衬衫，我肯定要出丑了，因为现在我没有衣服可以搭配了！”
- “在我做作业时，瑞秋打断了我，现在全毁了！”
- “你为什么让我迟到？我还不如不去了，现在每个人都会觉得我很奇怪！”

如果你的孩子被焦虑压垮，他的愤怒甚至会以非语言的方式出现，他可能会瞪着你，砰地关上门，或者踢东西。

除了易怒之外，焦虑还会带来其他深远影响，包括不安、肌肉紧张、注意力分散和睡眠问题。

孩子是否只是情绪化

青少年的父母都知道，向青春期的过渡是非常动荡的。你会在突然之间观察到他们产生前所未有的情绪波动、对外表额外关注，并且对社会地位和学业感到担忧。青少年正在经历的生理变化使他们变得喜怒无常。随着时间的推移，他们的睡眠问题愈发严重。而且，他们倾向于隐藏压力和焦虑对他们的影响，直到它们爆发出来。在这种情况下，很难分辨出什么是典型的青少年情绪化行为、什么是真正的焦虑和易怒行为。

心理医生评估问题时，通常会关注行为的频率、严重程度和持续时间。我们大多数人都会时不时易怒、焦虑，这是处理日常压力时的正常表现。当我们被激怒时，通常都会变得更容易沮丧，反应更不灵活。然而，有慢性焦虑和易怒症状的青少年的这种情绪会比只是有日常情绪的青少年更频繁、更持久。他们的易怒情绪比青少年特有的烦躁更严重。以下是一些区分两者的标志：

青少年正常的烦躁的标志

- 周期性地表现出对日常压力的挫折感
- 偶尔情绪化，但是会保持幽默感
- 有时不想和父母或兄弟姐妹说话，只想一个人待着
- 有时会挖苦别人，或者对父母的要求不耐烦
- 在高压状态下更加易怒，但过后会冷静下来
- 在大多数时候感到满足和快乐

焦虑和易怒的标志

- 因为很小的事情变得非常沮丧
- 经常性易怒，并且持续很长时间
- 在社会交往中很容易感到难以承受，经常退缩、自我封闭
- 经常对他人不耐烦
- 表现出神经紧张的状态

孩子是否抑郁了

易怒行为的另一个常见原因是抑郁情绪的存在，其程度可以从轻度易怒或情绪低落，到全面的严重抑郁。了解抑郁症状将有助于你分辨焦虑青少年的易怒情绪是否部分是由抑郁引起的，如果是的话，我们需要采取措施缓解抑郁，请注意下面列出的几点：

抑郁的标志

- 易怒或长时间情绪低落
- 感觉很悲伤，并对未来产生无望感
- 对以前感到有乐趣的活动失去兴趣和动力
- 睡眠、食欲、体重或精力发生了变化
- 在社会交往中退缩
- 产生无价值感，最严重时会出现自杀念头
- 家庭、学校和课外活动中的社交能力下降

焦虑和抑郁有许多共同的症状和表现。除了易怒之外，这两种情绪还会导致失眠、疲劳、注意力不集中和学习成绩下降等问题。青少年可能既焦虑又抑郁，这尤其会加剧易怒的行为。请注意，抑郁的发病率在青春期会大大增加，抑郁的青少年有时只表现出易怒的情绪，而不是悲伤的情绪。倘若同时有抑郁和焦虑，不要犹豫，请马上寻求专业帮助，找出导致易怒行为和应对不良的特定原因。

“应对不良”产生的影响

在继续学习如何减少焦虑青少年的易怒情绪之前，先停下来考虑一下易怒这个问题的影响是很重要的。除了回避，焦虑能够显著影响家庭生活的另一个主要方式就是易怒。焦虑青少年的父母经常处于紧张状态，不知道孩子什么时候会再次对他们发火或

陷入压力。面对这种家庭困境，父母可能会修改家庭规则或改变常规，以防止孩子出现易怒行为。有时父母会在孩子面前小心翼翼，试图避免孩子情绪再次爆发。然而，如果他们这样做，他们的孩子永远无法学习积极的应对策略，而处理孩子的易怒情绪所需的额外支持也往往会让父母感到沮丧和怨恨。

> 对一些青少年来说，焦虑只会以易怒的形式表现出来，这常常被误以为是青少年时期的喜怒无常或逆反心理。

帮助焦虑青少年减少易怒行为

尽管面临诸多挑战，父母仍能为他们焦虑易怒的孩子提供很多帮助。青少年经常忙于各种日常活动，压力越来越大，以至于他们没有意识到自己的行为和情绪是如何变化的。然而很快，不良的应对方式、越来越强烈的焦虑和易怒开始产生破坏性影响。以下是一些父母可以对青少年焦虑和易怒行为进行干预的方法，从而减少乃至根除这种行为。

识别出焦虑和易怒的诱因

我们可以将焦虑青少年的易怒行为视为一系列事件的终点，这对理解和解决这一问题都有帮助。首先，焦虑和压力的诱因出现；接下来，青少年认为这些诱因具有威胁性；最后，他们做出易怒行为。遗憾的是，许多家长只看到了易怒行为本身，而没有考虑其诱因。例如，一位家长说："滑雪旅行期间，她整个周末都很烦躁，她糟糕的态度让我们所有人在回家的路上心情都很糟糕，我不知道她怎么了。"结果发现，他们的女儿是因为对她自己滑雪时的表现感到焦虑，认为这一天很有挑战性，所以在她最累的时候表现出了最严重的易怒情绪。因此，为了理解焦虑、易怒的行为，我们必须了解其产生的背景。

可以先做一些调查工作，这对找出哪些因素可能会引发孩子的焦虑情绪和应对不良很有帮助。首先，你可以寻找指向主要诱因的行为模式和场景。随着时间的推移，对焦虑和易怒发作的追踪将帮助你确定是否存在引发孩子焦虑情绪和应对不良的特定模式。首先，从能让任何人都爆发脾气的常见诱因开始。饥饿、疲劳和过度忙碌会对任何青少年都产生影响。没有足够的休息时间、睡眠不足可能是青少年易怒的常见诱因。在考虑了常见诱因之后，你还要考虑一下你孩子所具有的独特的易怒诱因。想一想哪些情况会使你的孩子产生或加重焦虑和易怒情绪。这里有一些需要考虑的问题：

- 我的孩子是什么时候开始表现出焦虑或应对不良的
- 今天或前几天孩子情绪的变化可能是由哪些诱因导致的
- 是否有看起来特别重要且具有挑战性的诱因
- 我的孩子是如何感知这些诱因的

如果你的孩子看起来很沮丧，你可以问：“在这种情况下，是什么在困扰着你？”密切关注孩子对于这些诱因的看法，以及这些诱因是否有再次发生。考虑这些问题将有助于你更好地理解孩子对焦虑和易怒的压力是以何种独特方式应对的。

小练习

注意是什么在让事情变得更糟

在接下来的一周里，记住前面的问题，并观察会增加易怒情绪的诱因。你可以选择在日记中记录这些诱因。特别要注意诱因是否会随着时间的推移持续出现。然后想想你的孩子是如何感知这些诱因的。你都注意到了什么？有了这些信息，你可以开始考虑是否有可能改变这些诱因，以减少焦虑和易怒情绪。

在问题出现早期将其拦截

一旦你确定了导致焦虑的关键诱因，尝试改变这些诱因会有助于减轻青少年的易怒情绪。这种通过早期干预以改变行为的概念是基于行为主义的 ABC 学习模型。ABC 模型中的 A（antecedent）代表行为发生之前的先行条件，B（behavior）代表行为本身，C（consequence）代表行为产生的后果。我们可以用这个模型来干预焦虑、紧张和易怒的行为。具体来说，虽然我们经常过分关注后果，即行为发生后出现的事件，并将其作为控制行为的手段，但该模型提醒我们，行为也受到先行事件，即行为发生前出现的事件的影响。从本质上说，为了帮助孩子改变这种行为，我们必须先发制人，在发生易怒行为之前尽快找到干预的方法。

心理学家罗斯·格林（Ross Greene）在其著作《暴脾气小孩》（*The Explosive Child*）中指出，当父母试图应对孩子的困难行为时，他们通常会对孩子进行后果干预，但这是一种无效的方法。他建议家长应该改变引发困难行为的早期诱因。事前干预可能比事后干预更为重要，因为这样可以从根本上防止消极行为的发生。

当你进行干预以减少引发压力和焦虑的因素时，也要确保没有让孩子回避他应该应对的事情。正如第四章所述，当我们允许青少年一直回避焦虑情境时，这种回避只会加剧他们的焦虑。尽管很害怕，你的孩子也需要慢慢学会面对引发焦虑的情境。因此，要注意调整与长期回避无关的那些压力和焦虑的诱因。

以贾丝明为例，她过分担心自己在足球比赛中的表现，不想参加下一场比赛。她在比赛的前一天晚上要去朋友家过夜，比赛之后的那天要交一篇作文。在这种情况下，她的父母需要鼓励她参加比赛，而不是放弃，否则就是对她回避行为的奖励。不过，他们也将去朋友家过夜的计划推迟到了第二天，因为完成作文的疲惫和时间压力可能会使她的焦虑加剧。

马修今年 13 岁，他每天晚上都担心有人闯入他家。在和朋友们一起看了一部恐怖电影后，他的担忧明显加剧了。自从他的父母发现了让他焦虑的导火索，他们限制了他看电影的类型，直到他的焦虑减轻为止。

关于本，也就是我们在本章开始时提到的那位焦虑的初二学生，我们可以想出许多方法来帮助他。早期干预可能首先需要解决他的睡眠问题。如果睡眠不足，本肯定会烦躁不安。我们还可以帮助他处理社会研究小组作业给他带来的小挫折，这也许能帮助他减少灾难化思维，坚定对其他小组成员的信心。他可能还需要学习时间管理技能，因为案例中他在最后一分钟才完成作文，这自然会加剧他的焦虑和压力。最终，通过干预产生压力和焦虑的不同路径，我们就能减少焦虑和易怒行为。

现在，请考虑一下你可以在早期进行干预的方式，以中断从诱因、焦虑感知到易怒行为的路径。

问问自己，你可以主动进行何种干预，以减少孩子不必要的压力和焦虑诱因?

使问题显现出来

要让你的孩子改变他的行为，首先要让他知道自己需要改变什么，以及为什么需要改变。因此，当你注意到孩子变得越来越易怒时，你需要让他认识到自己的问题。首先，向他描述他让你担心的行为，并询问他是否有烦恼。给孩子一些时间来回答你的问题，并以共情的方式与他沟通。接下来，一旦你对孩子表达了共情，就要清楚地指出你希望他改变的行为。你可以向他强调他需要学习新的应对方式，并告诉他你会支持他。

比如，你可以和孩子说："最近你好像很容易情绪低落，而且每当我们想问你问题时，你就已经开始不耐烦了。是不是有什么你感到困扰的心事让你有这种表现？你这一周好像过得很辛苦，但我希望我们问你问题时你能少一些不耐烦。我们可以一起找到一些方法来减轻你的压力，这可能会对你有帮助，我也很乐意帮助你。"

父母常常忙于处理孩子每一次愤怒的爆发，以至于他们从来没弄懂问题的根源。通过这种新的沟通方法，你可以一举多得：你对孩子正在经历的问题表达了共情，开始沟通有哪些因素可能会导致他的易怒情绪，并为他的不良行为设定一个限度，向孩子明确提出要减少这一行为。

当青少年感到非常不知所措和心烦意乱时，旁人往往很难再对他们加以限制。父母有时会习惯孩子的情绪爆发和不良行为，然而，如果对此放任不管，他们就强化了这种行为，并且这类行为下次还有可能继续发生。当孩子的行为越界（如尖叫、辱骂、打人、扔东西）时，提前警告他具体的后果，比如他如果继续下去，就会失去某项特权，并始终如一地坚持这一态度。对引发问题的痛苦情绪表达共情，但一定要设定一个底线。这样做会鼓励孩子练习积极的应对技能，否则他焦虑时还会做出不良行为，这样就开了一个糟糕的先例。

鼓励自我监测

一种强有力的干预方式是监测我们随着时间推移而产生的行为。研究表明，只要稍稍这样做，我们就可以降低问题行为发生的频率。想象一下，假如你被迫监测自己一天中有多少次体态不佳，那么只要多加注意，你就可能会自然而然地挺直肩膀。

孩子可以通过一个快速简便的方式进行自我监控，即让他在1～10分的范围内对自己的日常焦虑或易怒程度进行打分。他可以问问自己，今天是多少分呢？上周最高的时候是多少分？你的孩子可能还会思考分数在什么情况下会变低、什么情况下会变高。在使用了这个监测系统后，一个十几岁的孩子对我说："嗯，因为我为一场必须要参加的考试而担心，所以我今天的分数猛增到了7分，但我昨天的分数是4分。到了这周，我注意到，在我有时间放松之后，分数就下降了，而当我赶作业时，它又上升了。"你的孩子越是习惯于关注自己的情绪并注意到导致情绪变化的诱因，他就越能够控制这种情绪。请注意，如果孩子的平均焦虑水平在日常都保持在较高水平，那么在压力很大的那天，孩子的焦虑可能会上升到严重水平。

为了真正弄清楚孩子的压力来源，可以让孩子通过写压力日记的方式进行自我监测。对于一切主要的压力诱因，他可以简要记录以下内容：

我的压力日记

- **压力的诱因：**哪些事件或情境让我压力很大

- **想法：**我是如何看待导致我压力很大的情境的？列出对这一情境的一些想法
- **感受：**我感受到的焦虑有多少？从1（最低）到10（最高）打分
- **行为：**压力很大时我会做什么
- **什么是有帮助的：**哪些因素可以成功缓解我的压力和焦虑
- **我还可以怎么想：**如果想法是不切合实际的，改变现有的想法
- **我还可以怎么做：**如行为不起作用，改变应对行为

如果你的孩子完成了这样的日记，我们就会从中看出孩子的想法是否切合实际，以及应对策略是否有效。如果以上问题确实存在，这本日记也可以鼓励孩子改变，以更加切合实际的想法去思考，并用更好的行为策略来应对。久而久之，你的孩子就会明白应该如何有效地缓解压力和焦虑。

不要试图强迫孩子写日记，这往往会适得其反。相反，要确保控制权在孩子手上。鼓励孩子参与进来的更有效的方式是：以共情的态度和孩子讨论用这种方式进行自我检查的好处。

关注青少年积极应对的行为

青少年和他们的父母经常就青少年的问题行为发生争吵。然而，这可能会无意中让父母对青少年的消极行为产生关注，进而

增加孩子消极行为的发生频率。这样做还会延长冲突，因为一个巴掌拍不响，当有人可以与之争吵时，吵架就容易多了！

当孩子变得易怒时，最好的办法是刻意地控制你的反应。保持冷静、中立的态度，尽量忽视消极的行为。比如，如果只是小争吵，那就忽略它，只有当必要的时候才去关注。无论孩子有多少问题行为，都要关注那些成功的瞬间，并特别注意孩子在面对焦虑或压力时积极应对的时刻。正如第二章所提到的那样，注意本身就是一种天然的强化剂，可以随着时间的推移强化积极或消极行为。因此，关注再小的积极行为也能产生强大的积极影响。

将你的注意力集中在孩子积极应对焦虑或压力和不那么易怒的时候，即使他的行为并不完美也没关系。

缓解环境压力

当你的孩子正在遭受压力时，进行压力管理只有两种选择：要么改变压力本身的性质，要么改变对压力的看法。管理环境压力并没有一个万能的解决方案，每个青少年承受压力的能力是不同的，这种能力甚至会随着青少年的成长阶段和生活环境的变化而变化。你的孩子在管理压力和焦虑方面的技能越多越好，拥有良好的问题解决技能对改善应对能力有重要作用。另一个重要的策略是直面恐惧和减少回避，随着时间的推移，这样做也将缓解青少年的焦虑。

父母可能不得不进行一些妥协，并帮助孩子彻底消除压力源。例如，一个女孩每周增加第二项运动之前都过得很开心，而且表现良好。她的父母很快意识到，如果没有任何休息时间，她就没时间舒缓压力，这很容易触发她的易怒和焦虑情绪。在孩子的理解和同意下，第二项运动被取消，这个女孩的情绪状态又恢复到了正常水平。这样做对父母和青少年来说都是一个艰难的决定，然而，它可以有效帮助孩子减轻压力，让孩子变得更加冷静、能力更强。

缓解主观压力

当环境压力无法改变时，我们的目标是减少青少年对压力的主观感受，即青少年对压力情境的感知。我们需要让青少年看到，他们所经历的压力尽管很有挑战性，但没有他们想象的那么危险。在这种情况下，用苏格拉底提问法来减少青少年的焦虑是一个很好的策略（苏格拉底提问法列表见附录 A）。这些问题有助于将压力减至最小。比如，当你的孩子认为他不可能完成某项任务时，你可以问："你面临的情况有没有可能比你想象中更好解决？"如果你的孩子用写压力日记的方式来监测他的压力诱因，在你的帮助下，他可以使用日记中的信息来回应他对压力情境的焦虑想法。

对于那些不愿主动提及自己状态的青少年，一个有用的策略是每周聊天。对于年龄大一点儿的青少年，可以在"茶歇"时间与之聊天，它是一段专门为积极的沟通和帮助预留的时间。在聊天过程中，你可以温和地询问孩子过去一周都有哪些压力，他是如何处理的，以及下一周的关注点是什么。为了发挥聊天的最大效果，尝试积极倾听，也就是用你自己的话来复述孩子对你说的话，并使用苏格拉底提问法来减少孩子的主观压力。比如，你可以问："这个即将到来的时刻有没有可能不像你想象的那么糟糕？"然后，对孩子正在经历的事情表达共情，并与他一起解决问题，以减少未来的压力。以这种方式对压力展开积极的沟通，久而久之，就可以抵消压力的消极影响。

下面这个例子表明了每周聊天可以产生巨大的影响。杰克的体重正在迅速下降，这让他的儿科医生感到担忧，他的家人也觉得疑惑。结果发现，杰克很容易对自己的学业感到焦虑，总想把自己关在房间里，不愿意与父母分享自己的情况。因此，每当他离开房间时，他的父亲会立即走近他，问一些尖锐的问题，比如："你又在浪费时间拖延了吗？"杰克开始越来越害怕离开房间，甚至会以不吃饭来回避父母的提问。为了解决这个问题，我建议他们每周只聊一次天，或者必要时每周聊两次天，他的父母可以在聊天中询问和接收信息。作为交换，他的父母同意不会一有机会就询问他的情况。在这些聊天中，他的父母实际上帮助杰克解决了一些具有挑战性的问题。杰克的体重又恢复了，同样重要的是，他和他的家人获得了一种积极沟通的新方式。

为孩子做榜样，用适应性的方式应对压力

在我们的生活中，每个人或多或少都有过这样的经历：我们似乎无法克服那些让人感到有压力的事情，这让我们很快变得焦

虑和易怒。除了要求孩子进行自我监测之外，也试着用一两周的时间来监测你自己是如何感知和处理压力的。当你了解了自己的内心世界如何运作之后，问问自己，有哪些思考和行为方式可以有效减少焦虑和压力感知，哪些方式又会让事情变得更糟？然后开始练习并给孩子展示一种新的应对方式。

首先，你可以展示如何通过改变对困难情境的感知来降低它的重要性。比如，下次注意到你的焦虑想法夸大了某个威胁时，你可以大声说出来，比如："我担心事情会彻底出错，但我知道只是我的焦虑让我这么觉得，事实并没有那么糟糕。"然后，在你压力很大时，努力向孩子展示如何用积极的方式来应对压力。你还可以与他分享你如何应对特别困难的情况，这有助于把努力应对压力这件事正常化。正确看待计划的突然改变，向孩子展示你如何应对意料之外的事情。最后，向孩子展示你是怎样在必要时劳逸结合，寻求帮助，或者减少工作量。随着时间的推移，通过用适应性的方式应对压力，给孩子树立榜样，用身教而非言传的方式告诉孩子如何富有成效地思考和行动，以减少焦虑、压力和易怒情绪。

通过向孩子展示你如何积极应对压力并进行减压活动，你可以为孩子提高自身应对技能树立榜样。

帮助孩子容忍改变

焦虑的青少年在应对很多情况时往往缺少整体灵活性。他们可能会墨守成规，抗拒日常生活中任何细小的变化，或者回避尝试新事物。如果被迫走出有限的舒适区，他们往往会出现恐惧、易怒和愤怒反应。这种行为模式已经得到了关于焦虑儿童的研究的证实，研究表明，高强度焦虑的儿童在生活中表现出对掌控感和可预测性更高的需求。通常情况下，当这种掌控感受到突然变化的事物的威胁时，易怒行为就会发生。

如果焦虑的青少年在混乱的环境中表现不佳，父母可以通过在家中制订一致的规则和期待来增强整体的可预测性。提前告知孩子计划的变更也很有用。但很显然，这一方法不可能永远奏效，而且你的孩子也无法避免生活中所有意料之外的问题。此时提供太多的保护反而会降低他对变化的适应能力。

然而，你可以慢慢地鼓励你的孩子学会容忍世界上每天都存在的不确定性，并不断提升对一些小的变化的应对能力。对孩子希望事情保持不变的愿望表达理解，同时推动他逐渐暴露在变化之中。刻意的暴露练习也可以帮助青少年在这方面得到发展（有关设置挑战阶梯的信息，请参见第四章）。例如，你的孩子可以努力适应日常生活中突然性的变化。在可预测性与对不可预测性的容忍之间取得一个平衡，这将有助于你的孩子更好地管理将要面临的无法预测的生活压力。

提升家庭的应对能力

任何应对易怒和压力的计划都不能忽视家庭功能对青少年的影响。一般对压力和焦虑的管理会受到家庭整体气氛的影响。比如，如果家庭成员沟通不畅，那么等到需要应对青少年的成长问题时，可能会让每个人都措手不及。此外，当家庭规则不明确、家庭矛盾频发、环境混乱时，很少有焦虑的青少年能表现良好。以下是一些为青少年减轻压力、加强沟通和保持积极家庭结构的方法：

- 建立规则和惯例，确保恰当水平的可预测性
- 父母双方应该始终如一地应用相同的规则和秩序
- 家庭成员间要经常进行积极的沟通，不要总围绕着成绩、家务或家庭规则等有压力的话题
- 在需要讨论一个充满冲突的话题时和你们的孩子交谈，而不是在意料之外或有压力时交流
- 在一些微小的瞬间建立亲子之间的连接，并辅以共情的态度和积极的关注
- 努力给予家里每一个孩子同等水平的关注
- 认识到并尊重孩子需要更高水平的隐私和独立性这件事
- 家里的每个人（别忘了你自己！）都需要休息来充电、缓解易怒情绪

请注意，在上述这些建议中，最关键的方面是沟通。与青少年的沟通应该是清晰、一致和可预测的，并要关注他们的积极行为，而不仅仅是消极行为。无论你的孩子表现如何，提供关怀和支持都会增强她应对压力的韧性。无论你的孩子是否表现出烦躁或愤怒，都要一直提供爱与支持。久而久之，温暖的家庭氛围会

变成一张安全网，它鼓励孩子承担合理范围内的风险，面对新的挑战，并让你能在孩子跌倒时接住他。

小练习

我们的家庭压力尺

暂停并检查一下自己家庭的运转情况，以明确是否需要进行改变。如果用一个仪表来测量你的家庭压力，它会显示多少分？尽管每个人都步履匆匆，但我们也要抓住这个机会，停下来思考一下压力对家庭的影响。问一下自己以下问题：

- 家庭规则和惯例是否保持了足够的一致性和结构性，以保证家庭生活的可预测性
- 家庭成员是否因为各自承受的压力而互相攻击
- 家庭成员是否因手头上有太多事情要做而难以承受
- 家庭成员是否都有足够的休息
- 家庭成员之间是否有足够的机会进行相互尊重且有计划的沟通
- 家庭成员之间是否有积极互动的机会
- 父母是否会就如何共同有效地养育孩子进行沟通
- 有哪些需要关注的婚姻问题
- 我的孩子有机会获得独立和掌控感吗

有太多人很少停下来思考我们个人或家庭的运转，直到愤怒和焦虑的情绪突然爆发。既然现在有机会检查你的家庭压力水平，也请考虑一下是否需要改变。如果你注意到某些地方确实需要改变，请想出三条积极的家庭压力管理计划来解决该问题，然后实施计划。

应对焦虑带来的情绪崩溃

到这里，我们一直在讨论如何降低焦虑青少年的易怒发作频率。现在，我们要聊一聊父母面临的更大挑战：当孩子严重崩溃时，父母该怎么办。许多焦虑的青少年都会经历“压死骆驼的最后一根稻草”时刻。突然间，他们不得不面对严重的焦虑，并且觉得自己没有做好准备来应对它，他们感到非常恐惧，随之而来的就是强烈的痛苦和极度的焦虑。这通常伴随着哭泣、愤怒、沮丧和逆反，因为青少年的“战斗”本能在危机中被凸显了出来。当你的孩子觉得他面临着迫在眉睫的危险时，这本质上是战斗-逃跑反应中的“战斗”反应。对于父母和青少年来说，应对情绪崩溃都是一段会令人筋疲力尽的经历。

如果要了解情绪崩溃的本质，那么了解青少年当下的想法、感受和行为就非常重要。他们的想法通常是很不理性的，往往会让他们产生灾难化的恐惧，即认为最坏的情况已经发生或将要发生。就像一位青少年跟我说的：“当我以为考试会不及格时，我想到的就是……啊，我要死了，我要死了。”这句话表现了青少年在紧急状态下超负荷运转的大脑。当青少年变得极度焦虑时，他们通常会感受到惊恐的躯体症状，并表现得好像受到了威胁。虽然他们的行为可能看起来不合逻辑、不理性，但由于他们感知到了紧急情况，他们觉得有必要这样做。

> 惊恐的主要症状包括呼吸急促、心跳加快、出汗、恶心、颤抖和头晕。

如果你的孩子正处于危机之中，试图用提建议或解决问题来进行干预是行不通的。因为他的情绪很激烈，想法也很不理性，他很难立即开始处理这些信息。提建议会更加激怒他们，因为它变成了另一件需要应对的事情。一些青少年不抗拒互动，但会试图挑起争端，会不停地向父母施压以引起他们的注意。这种挑衅行为可以看作一种回避的形式，可以让青少年在此时不去面对压倒性的感觉。

当孩子情绪崩溃、尖叫或表现出攻击性行为时，父母自己的战斗–逃跑反应会被激活。这时候父母的反应非常关键，因为如果父母愤怒地回应或试图严厉管教孩子，崩溃可能会升级。因此，父母必须非常努力在风暴中保持冷静，核心目标就是保证孩子的安全，让孩子的崩溃情绪慢慢缓解。以下是在孩子崩溃期间的有效应对方法：

- 保持安静、专注、平静的状态，为孩子树立起榜样，

并承认孩子体验到的痛苦感受

例如："你现在确实非常沮丧。"

- 不要参与，相反，退后一步，不要卷入争端

  例如："我们之后再聊。"

- 让你的孩子知道他的痛苦会随着时间逐渐消失

  例如："过一会儿你就不会感觉这么糟糕了。"

- 如果你的孩子表现得既焦虑又有攻击性，引导他停止攻击性行为，到一个安静的地方冷静下来。你自己也要和孩子分开一会儿

  例如："你需要停止这种行为，回到你的房间待一待，直到你感觉冷静点儿了再出来。我也会出去走走。"

- 在提建议之前先让孩子的崩溃情绪得到平息

  例如："过一会儿我再来帮你解决这个问题。"

崩溃之后

在你的孩子再次平静下来，可以重新进行清晰的思考之后（这可能需要几个小时甚至一天的时间），和孩子一起再次思考发生了什么。以一种中立、支持性的方式询问你的孩子，看看他认为是什么原因导致了自己的崩溃，以及再次出现类似情况时可以如何改变。他是否注意到他的某些想法已经失控了？是否有什么话让他感到特别困扰（也许是在他高强度焦虑时问他的一些问题）？他能否注意到那些让自己觉得压力越来越大，或者非常有

挑战性的情境？如果他能确定导致情绪崩溃的具体诱因，这将有助于防止未来情绪崩溃的升级。如果情绪崩溃引发了一些过火的行为，例如打人、辱骂，或者毁坏财物，你的孩子需要在第二天以某种有效的方式做出弥补，或接受由此产生的后果。

青少年和成年人一样，对自己的内心世界有不同程度的洞察力。你的孩子能否注意到问题，会让你知道他与自己的压力和焦虑水平相处得是否协调。如果确实不协调，你应该在情绪崩溃循环的早期与孩子进行讨论，推动他注意自己情绪和行为的变化。比如，如果你的孩子连续几个晚上失眠，然后开始表现得非常烦躁，你可以问问他是否注意到了睡眠不足的影响。如果你和孩子能更好地了解到在循环早期发生了什么，你们就可以制订积极的计划来解决问题。

> 不仅仅是青少年，父母也可能需要在孩子情绪崩溃后休息一段时间，然后才能冷静下来，再次与孩子一起解决问题。

回到问题的解决上来

一旦尘埃落定，你的孩子变得更冷静，思维更具逻辑性之后，就是时候看看是否有必要解决问题了。情绪崩溃的诱因并不一定与问题的症结有关，事实上，有时可能和它离得还非常远。比如，如果家里太吵，无法集中精力学习，一个担心自己无法通过考试的青少年可能会感到很沮丧。但重要的是，青少年对“问题无法解决”的感知往往会导致焦虑行为的出现。因此，你需要弄清楚是否存在需要解决的问题，以及是什么样的问题。以下是一些可以与孩子讨论的问题：

- 出了什么问题
- 是否真的有问题需要解决，还是你的思维错误在引发或加重焦虑
- 如果确实存在问题，有哪些办法可以解决这一问题
- 如果无法解决这一问题，还有什么方法可以应对

方法奏效会带来什么

随着时间的推移，等到孩子的易怒情绪有所降低，并且能够更好地应对生活中的焦虑和压力，就说明你们的方法是有效的。重要的是，提高应对焦虑和压力的能力，自然就会使应对压力的心理弹性增强。对压力的心理弹性越高，你的孩子就越有可能从困难经历中恢复过来。对于焦虑的青少年来说，久而久之，高心理弹性有助于增强他们在新情境下承担合理范围内的风险的信心，而不是回避压力源。总的来说，在帮助焦虑的孩子变得更有弹性方面，父母有着巨大的影响力。当你对孩子乃至整个家庭的健康进行投资时，回报确实是巨大的。

第八章

让身体的警觉系统放松下来

缓解惊恐情绪、减少躯体症状，让头脑冷静下来

莉莉的故事：对惊恐感到惊恐

在健康课上，老师讨论了昏厥的问题，下课以后，莉莉就开始担心自己可能会晕倒。想到每个人都低头看着倒下的她并发出阵阵笑声，她感到很害怕。很快，她感到眩晕、闷热、心神不宁。当她走在去往下一节课的教室的走廊上时，她感到自己的腿麻了，而且开始有点儿发抖。她感觉越糟，就越恐慌，不久，她开始觉得喘不上气。坐在教室里，她忍不住想象在她身上发生的可怕的事情。我必须马上离开教室，否则我会晕倒的，她想。

关于焦虑警报的误解

所有焦虑的青少年都有一个共同点，无论他们的焦虑以什么方式表现出来，当感到威胁迫近时，一个基于生物学的警报系统就会意外启动。这种报警系统会引发躯体感觉，从轻微的危险感所引发的轻微胃痛，到强烈的危险感所引发的严重惊恐发作，其中大多数的感觉都令人非常不舒服。

当这些躯体感觉出现时，青少年对此的最大误解是：它们不是由焦虑引起的！一旦他们产生这样的错误感知，就会引起各种各样的麻烦，因为青少年会觉得这些感知是正确的，并由此引发做出相应的行为表现。比如，如果一个青少年认为这样的躯体感觉意味着他真的病了，他可能会寻求医疗干预，或者因为他的“疾病”而回避一些活动或场景。

即使青少年知道他们的躯体痛苦是由焦虑引起的，他们也往往会在某种程度上误以为躯体感觉是危险的，这会进一步触发身体的警报。例如，一个因焦虑而感到恶心的青少年可能会以为这意味着他会呕吐，这会让他更加焦虑。或者，一个正在经历惊恐发作的青少年可能会认为他的头晕和惊恐症状是危险的迹象，他将会晕倒、发疯或在别人面前出丑。本章将着重介绍一些策略，通过纠正错误观念、改变行为来转变这一过程。

应对焦虑的躯体症状

为了帮助青少年管理和缓解焦虑的躯体症状，我们需要多管齐下。我们将应用你之前学习过的关键策略，例如纠正思维错误和减少回避，以及一些新的策略，使身体的报警系统安静下来。

首先，让孩子认识到焦虑引发的躯体感觉是无害的，让身体平静下来可以减少这些感觉。然后，通过反复暴露在那些让人感觉到危险的情境下，你的孩子会发现，当他直面这些情境时，不会发生什么不好的事情。同时，你的孩子应该采取一些策略，把这些感觉的重要程度降到最低，比如向关于这些感受的消极想法发起挑战。下面让我们来看看这种方法。

将不舒服即刻标记为“焦虑在说话”

和“情人眼里出西施”一样，我们对身体状态的看法完全是主观的，且取决于我们所在的环境。如果你跑了一两千米，你会自然而然地认为心跳加速、手掌出汗和呼吸急促的症状不是不健康的标志，是不危险的。然而，如果你在休息时出现同样的症状，你可能会对此非常担心。医院的门诊室，甚至急诊室，都收治过很多因此而受惊的人，他们误以为惊恐发作是身体出现严重问题的征兆。在父母的帮助下，青少年可以意识到自己并没有危险，并且正确地理解他们当前的处境。以下两段对话会告诉我们如何帮助青少年快速将他们的躯体感觉重新标记为无害，而非生病或危险的迹象：

孩子：我今天不想上学，我又感觉不舒服了，我觉得我可能会吐。

家长：过去这几天你都挺焦虑的，焦虑尤其会让我们的胃感到不舒服，让我们误以为自己病了。你可以提醒自己，这只是焦虑在困扰你，你今天可以上学的。

孩子：（从学校打来电话）我考试时太焦虑了，我觉得自己无法呼吸，腿都麻了。快来接我，我觉得我真的出了什么问题。

家长：那种感觉一定非常糟糕和可怕吧。非常焦虑时，我们的身体可能会反应过度。你其实没事的，只是焦虑在引发身体的虚假警报。休息一下，可以等你身体平静下来以后再试着回到教室里。

青少年需要练习才能认识到他们的躯体感觉只是由焦虑引起的，无须大惊小怪。但是，无论是在当下还是随着时间的推移，他们越是习惯于将自己的躯体痛苦视为焦虑本身引发的无害后果，就越能防止焦虑升级。

帮助孩子了解身体的警报系统

一旦你的孩子收到了他没有危险的信息，他就需要去更多地了解在自己身上到底发生了什么。大多数青少年甚至没有意识到，焦虑会对身体产生深远的影响，并可能伴随着一连串不舒服的躯体感觉。如果不了解这一点，他们因恐惧而产生的反应就会引发更严重的焦虑，并进一步加剧躯体感觉。高强度焦虑会导致身体发生很多变化，例如：

- 呼吸加快

- 呼吸急促
- 有窒息感、嗓子发紧或吞咽困难
- 头晕目眩
- 心跳加速或心悸
- 胸痛或不适
- 出汗
- 感觉很热或很冷
- 颤抖
- 麻木或有刺痛感（尤其是手、脚）
- 恶心、腹部不适或胃痛

你不需要为孩子列出以上所有症状，但要让他了解他经历过的相关症状。提醒你的孩子，虽然焦虑有时会“大声说话”，但这些症状无论是单独出现还是一起出现，都是无害的，尽管它们可能会让人感到害怕。让你的孩子知道，当这些症状出现时，他越早觉察到并将其标记为焦虑，就越容易减少恐惧感。

许多高强度焦虑的青少年会开始经历痛苦的惊恐发作。如果你的孩子经历的恐惧或不适激增，并在几分钟内达到顶峰，而且他同时出现了上面列出的大部分乃至所有躯体症状，那么他很可能正在经历惊恐发作。惊恐发作可能是可预料的——出现了触发惊恐的已知情况，也可能是不可预料的，即突然出现了意想不到的情况。大多数的首次惊恐发作发生在高压时期，这使得对压力敏感的焦虑的青少年变得更加脆弱。

基本上，惊恐发作的症状是战斗–逃跑反应的错误激活。身体对危险的感知反应过度，进入对威胁的充分反应模式，遗憾的是，这一反应模式中也包括躯体反应。例如，在战斗–逃跑反应期间，心率和呼吸速度加快，为肌肉供应更多的血液和氧气，以便更好地战斗或逃跑。而且，由于我们在极端威胁下不需要消化食物，消化速度会减慢，但这会引发恶心反应。同时，这种生存反应还伴随着头晕和麻木等副作用。

在惊恐发作期间，可能会出现一些会产生很大影响的认知问题——有不真实的、与自我分离的感觉，害怕失去控制或发疯，或害怕死去。当然，如果你不知道自己发生了什么就被惊恐发作“袭击”，甚至出现了一些症状，这对你来说会非常可怕，并让你感到情况彻底失控。

如果你的孩子正在经历惊恐发作，重要的是向他解释清楚情况：惊恐发作是身体对强烈恐惧的突然反应，虽然感觉非常不舒服，但并不危险，也不会导致发疯或死亡。告诉你的孩子，即使这些感觉让人很难受，它们也会在短时间内自然消退。没有人会永远处于惊恐发作的状态下，或者被其伤害。告诉他，这种恐惧的激增实际上是正常而又自然的反应，因为这种反应针对的是被视作真正危险的东西，不过实际上并没有真正的危险存在，它只是一个“哑炮”。

请注意，许多惊恐发作的青少年都会因为感觉头晕而害怕自己会晕倒，然而，一个人晕倒是非常罕见的。在生理上，惊恐发作期间神经系统极端性的激活与昏厥期间发生的情况完全相反。昏厥是由心率或血压突然下降引起的，而当我们焦虑时，心率和血压会升高。

注意，如果你的孩子晕血，恐惧注射或受伤，他的反应可能会有所不同。他在这种恐惧症下产生的生理反应可能导致血压先升高，然后突然下降，这可能导致头晕和昏厥。如果你的孩子很容易受这个问题的影响，可以就如何治疗恐惧症向治疗师寻求建议，它是可以得到治疗的。此外，为防止孩子在这种情况下晕倒，可以在与医生讨论后使用“紧绷技术”这项可能对其有效的技术：紧绷手臂和小腿 10 ～ 15 秒，停顿，然后重复几次。

如果你的孩子的躯体症状更轻微但更持久，如疲劳、肌肉紧张、头痛或胃痛，他可能存在持续性中度焦虑。这些症状通常与长期的担忧和焦虑有关，并使身体处于持续的轻度至中度警觉状态。青少年常常误以为这些类型的症状是躯体疾病的征兆，因此对它们过于重视。在这种情况下，你也要向你焦虑的孩子重申，这些症状是持续焦虑的结果，不应被视为疾病或危险的迹象。

> 惊恐发作很少发生在儿童身上，但在青春期前后发生概率会增加，尤其是在压力状态下，青少年容易出现第一次惊恐发作。

扭转无休止的焦虑循环

还记得第一章讨论的无休止焦虑循环吗？焦虑三要素认知、生理和行为相互作用，引发并加剧焦虑体验。青少年不会自发意识到这些部分如何相互影响来让他们的躯体痛苦持续。具体来说，如果你的孩子认为自己的躯体症状很危险，然后回避引发这一症状的情境，就可能会引发一个恶性循环：对症状严重性的信念和行为回避将会共同加剧焦虑，这可能使躯体症状本身加剧。比如，如果你的孩子认为呼吸急促意味着他无法呼吸（焦虑的想法），这种想法会引发强烈的焦虑，然后导致他拼命地试图摆脱这种情况（行为），这会导致更多的焦虑，甚至导致呼吸更急促。

试着让你的孩子关注他的想法和行为是如何让焦虑一直存在的。为了帮助孩子更充分地意识到他的想法、感受和行为是如何相互作用的，你可以让孩子这样做：注意是什么在加剧焦虑，一种想法、一种令人紧张的情境，还是一种躯体感觉，然后注意你会做出怎样的反应。

当你的孩子学着观察自己的感受、想法和行为时，他很可能会意识到它们是如何让他产生或加剧焦虑的。你也可以补充说一些温和的话，比如："如果你感到不适就选择马上逃避，那么你永远不会知道自己其实可以应对这种情况。下次试试留在这种情境下，看看情况有没有你担心的那么糟糕吧。"下面这个练习将进一步帮助你评估焦虑循环是如何对孩子产生影响的，以及我们应该从何处开始进行干预。

小练习

孩子无休止的焦虑循环

浏览并回答下列问题，以确定孩子对他躯体症状的看法，以及他对这些症状的反应是如何导致他的焦虑问题的。

我的孩子是否：

- ○ 认为焦虑的躯体症状很危险
- ○ 经常为自己焦虑的躯体症状感到苦恼
- ○ 因为害怕焦虑的躯体症状而采取回避行动
- ○ 认为回避某些情境会让他更安全
- ○ 反复检查他是否存在焦虑的躯体症状
- ○ 在出现焦虑的躯体症状时，想要寻求安慰

如果你在上述问题打了一个钩，就说明躯体症状对焦虑的某一想法、感受或行为产生了影响。如果在大多数问题甚至每个问题上都打了钩，则表明无休止的焦虑循环正在产生严重的影响。

研究表明，相信惊恐症状有害会引发更频繁的惊恐发作。这种信念自然会导致恐惧和回避，进而导致更多惊恐症状出现。

帮助孩子挑战灾难化的想法

焦虑的想法会对躯体症状进行灾难化的阐释，然而，青少年可以驳斥这些焦虑的想法。以下是一些青少年可能对其躯体症状所持有的灾难性想法：

- 如果我头晕，我就会晕倒，每个人都会看我的笑话
- 如果我的心跳再那么快，我就会患心脏病
- 如果我在公交车上吐了，人们会认为我很奇怪
- 如果我喘不过气来，我就会死掉

你会发现，在许多情况下，青少年不仅害怕身体上的危险，也害怕躯体症状带来的社交上的灾难性后果。许多青少年的社交敏感性很高，常常认为他人会注意到他们因焦虑引起的躯体症状，使他们落入尴尬和被羞辱的境地。如果你的孩子害怕他的症状所带来的社交方面的后果，请阅读第五章以减少社交恐惧。青少年需要学着容忍同龄人会注意到自己的躯体症状，以及自己会面临尴尬局面的这种可能。虽然大多数青少年认为周围每个人都会注意到他们的内心感受，但事实上，大多数青少年都发现，周围的人完全没有看出来他们的惊恐发作。

虽然知易行难，但你要鼓励你的孩子在身体对焦虑过度反应时去驳斥自己的消极想法。一个害怕晕倒的青少年可以对自己说："我有点儿头晕，但那又怎么样？这种感觉会消失，不会伤害我。我觉得自己会晕倒的想法是假的。"久而久之，以这种方式来驳斥自己的想法会变得越来越容易。西恩娜创造了一个驳斥自己想法的速记版本，上学期间每当她觉得头晕时，她都会对自己说"那又怎样？"，这帮助她度过了很多段不愉快的经历。青少年在学会打消自己的消极想法后会发现，尽管躯体症状的出现仍然不可预测，但他们会感到更有掌控感。

小练习

识别并驳斥灾难化的想法

在孩子面对他所害怕的场景之前，弄清楚他对自己的躯体症状有什么具体的灾难性想法，是很有帮助的。要想了解这一点，可以问问他："如果你出现______（某个躯体症状，例如头晕），你认为之后会发生什么，你认为可能发生的最糟糕的事情是什么？"一旦你了解到这些具体的想法，就鼓励孩子驳斥这些想法。你的孩子可以通过提醒自己这些感觉是无害的来做到这一点，因为如他当前所知，灾难性的躯体症状或社交后果不太可能发生。记下这些想法以备将来参考，以此来确保孩子逐渐驳斥并消除灾难化的想法。

为孩子树立榜样：保持一种充满共情的平静状态

在鼓励孩子实事求是地思考时，父母还有另一个重要作用。大多数焦虑的青少年会通过观察父母的反应来判断自己是否处于危险之中。如果父母对孩子的躯体症状表现出担忧和不安，就会向孩子传递"自己的恐惧有必要"这样一个信息。如果你观察到你的孩子很痛苦，那么你就需要保持冷静，这非常重要，因为这有助于向他传递一个信息，即没有什么好害怕的。提醒你的孩子这是一次“虚假警报”，然后鼓励你的孩子不要逃跑，而是待在原地，直到他的不适消退。不要忘记对孩子正在经历的事情表达共情，因为躯体症状的感觉是真实的，而且会让人感觉非常糟糕。我们的目标是用语言和行为来传达这样的信息：即使它会让你感觉很糟糕很可怕，但不是危急情况。你可以挺过去，而且很快就会好起来。

如果你的孩子出现了严重的惊恐发作，并伴随多种严重的症状，这就表明战斗–逃跑反应已经被完全激活，可能无法立即停止。在这种情况下，父母和青少年可能都不得不忍受身体的不适和心理的恐惧，直到这一切平静下来，就像挺过一场风暴。不过，还是要冷静地传达这样一个信息：惊恐发作很快就会消退。

父母和青少年会面临一个难题，即有时很难确认那些感到不适的青少年是否真的生病了。焦虑的青少年错误地给自己贴上“生病”的标签，常常说服父母去检查自己是否真的生病了。例如，青少年可能会说他感觉很热，并反复要求测量体温。然而，如果你的孩子在感到身体不适时还伴随着高强度焦虑，那么可以肯定的是，躯体症状与焦虑有关。在这种情况下，有一点特别重要，那就是你不要做出和你的孩子一样的反应，即认为他生病了。

即使你怀疑孩子真的生病了，在应对小的躯体疾病时保持冷静也会给孩子传递一个信息，即这不是危急情况，他有能力应对日常疾病。当有疑虑时，可以向孩子的儿科医生咨询症状的性质，让孩子和你自己都放心，不再惊慌。

让身体放松下来

孩子很容易觉得自己的身体真的出了问题，尤其是在症状升级、感觉非常不舒服时。因此，我们的目标是尽快平息身体对危险的过度反应。

消除焦虑对身体影响的最好方法是一种叫作“腹式呼吸”的呼吸方式。这种缓慢而深入的呼吸方式没有什么奇特之处，它是新生儿所做的自然的深呼吸。但重要的是，它会不同于人们在高强度焦虑时那种急促的浅呼吸，后者会让人喘不上气、头晕目眩、心率加快等。腹式呼吸有助于向青少年的神经系统传递信息，以减少甚至终止战斗–逃跑反应。

你的孩子可以尝试下面这个简单的腹式呼吸练习。你也要尝试一下，以便知道如何用最佳方式指导你的孩子，坐着或躺着进行都可以。

1. 一只手放在腹部，另一只手放在胸部。

2. 吸气时把空气带到腹部，让腹部向外膨胀，这时手也随之向外移动。

3. 呼气，让你的腹部自然平稳地放出气体。

4. 确保呼吸节奏缓慢、平稳，而不能剧烈、突然地吸气或呼气。

5. 如果你发现放在胸部的手比放在腹部的手抬得更高，这表明你用胸式呼吸比腹式呼吸更多。胸式呼吸是一种浅呼吸。试着确保你的胸部移动较少，腹部移动更多。但不要因此而感到有压力，学习一种新的呼吸方式需要练习。

对孩子来说，练习腹式呼吸的一个好方法是躺在床上，在腹部上放一本轻薄的书。然后他可以试着通过呼吸让书上下起伏。一旦你的孩子学会了腹式呼吸，他就没有必要把一只手放在腹部、一只手放在胸部了。他可以随时随地进行这种轻柔的呼吸。青少年可能对在别人的注视下做这件事特别敏感，不过，这种呼吸方式的一个好处是，没有人看得出来他们在这么做。

当躯体症状开始出现并引发焦虑时，腹式呼吸是很有用的。当孩子感觉不舒服时，使用腹式呼吸会让他们更有掌控感，因为它鼓励缓慢的呼吸，进而防止惊恐症状（如呼吸加快和头晕）的出现。腹式呼吸能够缓解痛苦，防止孩子采取进一步的回避行为。它甚至可以成为每天放松身体的预防性工具。然后，放松呼吸就成了一种简单而有效的方法，缓冲了压力对孩子的影响，将日常焦虑保持在最低水平。

减少回避，练习暴露

第二章和第四章描述了“暴露与反应预防”是缓解焦虑的一种重要策略。暴露对缓解躯体症状也是一个非常重要的策略。许多青少年会回避各种情境，因为他们害怕经历不舒服的躯体感觉，这类回避会让孩子很难认识到这些感觉是无害且可容忍的。例如，莉萨在第一次惊恐发作后很害怕会头晕，她开始回避任何可能导致头晕的情境，包括参加啦啦队活动和舞蹈课。一旦开始回避，它往往会发展到不同的情境当中，导致青少年越来越多地限制自己的活动，以避免身体上的不舒服。这种回避行为不断增加，最终会加剧恐惧，使躯体症状更容易出现并长期存在。

看到孩子出现强烈的惊恐发作或恶心呕吐的情况，家长肯定也非常难受。然而，如果家长帮助青少年减轻他们的不适感，有时反而会强化回避行为。当你允许孩子回避某些会带来躯体痛苦的地点或活动时，回避会乘虚而入并得到加强。比如，如果你在孩子惊恐发作后立即把他从学校接回家，或者允许孩子因为头晕而待在家里不上舞蹈课，你其实是强化了“必须回避感知到的一切危险”的想法。

要正面解决回避的问题，首先要让孩子理解一点：回避会让你一开始感觉良好，但之后会使恐惧和焦虑的躯体症状更严重。然后想一想你的孩子因害怕出现躯体症状而回避的所有情境，并使用第四章中描述的策略，帮助你的孩子制作挑战阶梯。如果你的孩子拒绝挑战他的恐惧，你可能需要充当教练的角色，支持他，而且坚定地推动他这样做，同时向他表示，你对他度过艰难时期的能力很有信心。

一旦你的孩子制订了一项计划，你就要帮助他逐一面对每一种情况，同时不要试图减轻他此刻的不适，直到他的焦虑自行减轻。随着时间的推移，这将有助于减轻这些躯体症状。

缓解对躯体症状的恐惧的一个特别反直觉的策略是把自己反复暴露在那些躯体症状之中。在使用这种方法时，青少年通过特定的练习有意地诱发躯体感觉，模仿他们在焦虑时的体验。每次青少年害怕自己会体验到躯体症状时，这种策略都可以起到帮助作用，尤其是在治疗惊恐障碍时，在这种情况下，人们会一直担心出现更多的惊恐发作。以下是一些可以产生类似躯体感觉的方法：

- 旋转小于一分钟时间，以产生轻微的头晕
- 剧烈跑一分钟，使心跳加速、呼吸急促
- 用吸管呼吸一两分钟，产生呼吸急促的感觉

反复做这些练习，直到焦虑减轻，青少年就可以学会直面和应对让他们最害怕的躯体感觉了。这种类型的暴露尤其能教会孩子几件重要的事情：

- 类似头晕的躯体感觉是身体的正常反应
- 就像任何其他暴露一样，我们可以容忍并习惯这种感觉
- 有的躯体感觉即使让人不舒服，也不是有害的

注意，因为人们会享受跑步，孩子会因为好玩而转圈，所以这些运动本身并不危险，但如果患有某些疾病（如哮喘），在做这些练习之前应先寻求医生的意见。

为了减少部分回避，你可以问孩子：“你都用什么方式来避免让自己经历不舒服的躯体感觉？”鼓励你的孩子一步一步地面对这些情况。

减少检查和安慰

当青少年努力应对焦虑的躯体症状时，他们很容易过度关注自己是否出了什么问题。青少年经常在自己的身体上寻找症状，而这样做只会加重症状。接下来，他们就会担心在什么地方可能出现这一问题，以及哪些活动可能导致这一问题。青少年保持警觉的目的是回避任何会使其躯体症状加剧的情境或活动。然而，这些过度关注往往适得其反。它非但没有减少不适感，反而使症状变得更加突出。

青少年经常让父母检查他们的躯体症状，并想要父母给予安慰。青少年可能会说："我现在感觉有点儿头晕，你觉得我看上去还好吗？"家长可能会因此反复安慰孩子没事。然而，青少年越是沉迷于关注自己的躯体症状并寻求安慰，就越会助长他们对危险的非理性想法，使事情变得更糟。同样，即使再多的安慰也无法完全缓解青少年的不确定感。所以，我们的目标是帮助他学会识别错误警报，容忍不适和焦虑感。

尽管这很难，但你要让孩子知道，你会逐渐抑制这种安慰来帮助他学会习惯自己的躯体感觉，并学着不给它们太多关注。以下是家长在不知不觉中屈服于过度检查和安慰的例子：

孩子：妈妈，我起床之后又觉得不对劲了，你觉得我还好吗？

家长：你当然很好。记住，我昨天就告诉你没事的，你没有任何问题，我等下再检查看看。

以下是家长避免给青少年过度安慰的例子：

孩子： 妈妈，我起床之后又觉得不对劲了，你觉得我还好吗？

家长： 还记得我们讨论过的虚假警报吗？你现在可以驳斥你的恐惧，并提醒自己你可以应对这些感觉。

父母也需要减少自己对孩子躯体症状的检查行为。比如，如果父母知道孩子的躯体症状是因焦虑而起，那么他们最好减少检查行为。一个青少年本来做得很好，但担心她的家长给他发短信："你感觉还好吗？"这促使他开始检查自己的躯体症状，并变得焦虑。这种检查行为也无意中强化了一种观念，即青少年无法忍受自己的症状存在，可能需要帮助。

我们需要鼓励青少年减少对自身焦虑症状的关注，更多地关注外部世界。一些青少年尤其忍不住会在休息时间检查焦虑症状，这时他们的想法会自然地转向自身。如果你的孩子经常感到身体不适，那么可以鼓励他向外关注，比如想一想即将到来的令人愉快的活动，对焦虑产生的躯体症状的监测越少越好。久而久之，随着他更少地检查身体症状、寻求安慰，更多地接受自己的症状，他就会越来越多地忽视令人不安的症状，并发现这些症状不会持续太久。

你的孩子可以做一份笔记，记下当身体发出错误的危险信号时如何应对焦虑。然后，当他面对某种躯体感觉想要寻求安慰时，可以看看这份笔记。

让大脑平静下来

大脑会向身体发送反馈，反之亦然。因此，让大脑平静的策略会同时让身体和大脑都平静下来，这有助于控制焦虑和躯体症状。研究表明，冥想和正念策略在缓解焦虑和平静心情方面非常有效。冥想意味着在一段时间内保持安静并集中注意力；正念意味着后退一步，观察你的想法、感觉和行为。

冥想看起来很神秘，但完成一次标准的冥想行为是很简单的。一开始，我们要专注于脑海中的一个图像、默默地重复一个词，甚至仅仅专注于呼吸的进出过程，重点是要将注意力集中于一处，这将有助于把想法固定住。接下来的目标就是保持冷静、专注。当一个随机的想法出现在脑海中时，可以慢慢地将注意力带回到想要注意的焦点上。

每天冥想 5 ～ 10 分钟可以使头脑平静下来。任何有助于将注意力集中于当下的正念活动都可以放松身心，帮助青少年减少焦虑。这里还有一些方法，可以创造一种专注的平静感：

- 在专为青少年和成人设计的涂色书上涂色，或者参与其他类型的艺术创作，这些都可以让人沉浸在一种冷静、沉思的专注当中，同时也能够获得乐趣
- 散步时，关注沿途的风景、声音和气味，专注此刻、觉察当下
- 坐着的时候，可以关注自己的呼吸，但不试图改变或干扰呼吸，当脑海中出现随机的想法时，将注意力重

新集中到呼吸上

- 听音乐时，可以沉浸在声音中，并关注此刻的感受
- 在学习冥想和正念活动时，可以用手机应用程序记录冥想和正念活动

冥想和常规的正念策略可以非常有效地应对和减少焦虑。焦虑的青少年经常发现自己摆脱焦虑的想法。通过练习冥想和正念，无论这些想法多么具有破坏性或容易引发焦虑，他们都可以学会从这些想法中抽离出来，并专注于当下。当再有焦虑的想法试图占据大脑时，你的孩子可能就会发现自己更容易将注意力集中到真正重要的事情上。和我们所有人一样，焦虑的青少年也经常陷入对未来的担忧中，并为自己的未来而努力。这些策略则鼓励我们做和努力争取相反的事情，让我们简单地活在当下。对于那些急于实现目标的青少年来说，这种方法可以使他们在继续下一个挑战之前先暂停一下，集中注意力。

> 学习正念是一个强有力的重要方法，可以让孩子将行为建立在自己的价值观和目标上，而不是与他“交谈”的焦虑上。

一种新的生活方式

通过练习，你的孩子有可能学会很好地控制焦虑并调整随之

而来的身体不适。青少年会在出现不适时改变他们的思考、感受和行为方式。焦虑的想法仅仅是一种想法，焦虑的感觉仅仅是一种感觉，焦虑的躯体症状仅仅是无害的躯体感觉。通过努力，青少年会忽视焦虑，以避免落入回避的陷阱。有了这种新的生活方式，孩子抵挡焦虑的召唤就会越来越容易。

当你的孩子开始更关心“我现在真正想做什么”，你就能知道积极的变化已经发生了。凯特琳面对并克服了她对惊恐的恐惧，她自豪地说：“有时候我的身体还会激动紧张起来，但现在我只是顺其自然，专注于当下真正重要的事情。”扎卡里说：“焦虑想让我不要参加聚会，因为我可能会感到恶心，但我会让它滚开。”埃米莉说：“如果惊恐来临，我会任由风暴降临，但它并不能阻止我做任何事情。”摆脱焦虑的喧嚣意味着回到生活的真正意义上来——朋友、家人，以及重新掌控生活的自由，无论你的身体或焦虑的想法会对此做出怎样的回应。

第九章

青少年时期的焦虑爆发点

减少青少年的焦虑爆发点，理解焦虑障碍

到这里，我们已经强调了如何改善青少年的焦虑问题。那么，是时候用更广泛的视角来思考一下青少年焦虑的发展方式了。回想一下孩子还小的时候，通过了解儿童早期行为以及可能会发生的事件，你就能够监测并预防问题加剧。同样，本章试图提供一个窗口，让你了解焦虑可能在何时出现，以便你主动采取措施应对它，或者防止它更加严重。

这里我想重点强调的是“焦虑爆发点”，也就是许多青少年可能会经历的焦虑激增的时刻。其中一些爆发点是大多数青少年都会经历的典型压力时刻，另外一些则是负面的意外事件发生的时刻。

虽然青少年时期的焦虑来来去去，变化不定，但爆发点有时会引发焦虑障碍，因此本章的后半部分将讨论当你怀疑孩子患有焦虑障碍时该如何应对。即使没有一个特定的负面事件出现，焦虑障碍也可能会发生。在这种情况下，罪魁祸首可能是增强疾病易感性的基因表达。然而，即使在这种情况下，压力往往也会加剧焦虑症状。因此，无论焦虑的根源是什么，制订一个具有广泛基础的计划来缓解青少年的压力是有帮助的。

管理焦虑的爆发点

当发生下述两种情况之一时，焦虑往往就会出现：未来的不确定性增加或压力增大。通常情况下，不确定性会让人想做许多"万一……"的假设，这会让焦虑的引擎继续运转，而充满压力的挑战会让你的孩子怀疑自身的应对能力。由于青少年的身份认同处于变动之中，因此当负面事件发生时，他们很快会变得无所适从。在这一部分，我们将介绍青少年时期的一些重要变化，以及由不确定性和压力共同触发的一些焦虑体验。当你看到这些爆发点时，想象一下你自己的孩子会对每个爆发点做出怎样的反应，以及你会如何对其进行干预。不管你的孩子正在努力解决什么问题，第一个也是最重要的干预就是承认他正在应对的问题并共情。如果你设身处地思考孩子的感受，这将会向孩子表明你已经准备好理解他正在经历的一切，并准备好帮助他了。

适应中学生活

很多青少年发现自己在刚进入中学时很容易出现焦虑情绪。通常情况下，中学生活的复杂性——更丰富的设施、更多教师和更多教室似乎令人生畏，而且需要学生表现得更有条理。除了这些基本的担忧，在这个成长阶段，青少年也会担心他们能否融入集体，或者他们所做的事情是否会让他们显得格格不入。总而言之，这些担忧加剧了青少年适应新情境的压力。

8月份的时候，即将升入中学的丽贝卡开始担心开学。她想象着自己会在学校迷路，然后上课迟到，由此她会陷入非常尴尬的处境。她觉得自己会是唯一一个打不开储物柜的人，她想象自己会赶不上公共汽车。她喜欢她以前的学校，觉得它很小、熟悉、安全。现在她觉得作业会很难，她无法应付。

如果你的孩子也像丽贝卡一样担心上中学，这里有一些应对这种转变的技巧：

- 只要有可能，让你的孩子参观他的新学校，打开他的新储物柜，或学习如何使用密码锁，让他适应周遭的新环境
- 面对旋风般的变化时，将处于其中的感觉正常化，因为每个孩子在此时都会觉得自己迷失了方向，但随着你的孩子慢慢熟悉新环境，这种感觉会逐渐消退。告诉孩子，他很快就会有更多的掌控感
- 鼓励孩子识别并求助周围可以提供帮助的人，如老师、班主任、朋友等，以帮助他解决问题
- 提醒孩子想一些其他起初令人生畏但后来看起来很平常的情境，比如露营或学习一项新运动，并表示你相信他会习惯这种变化

- 为了提高作为学生的组织能力，鼓励你的孩子停下来，并评估他的组织系统（从分配任务到提交任务）是否有效，必要时创建一个新系统。你的孩子应该思考在这个过程中是哪个部分（如忘交已完成的作业）出现了问题，用什么策略（如使用单独的作业文件夹）可以解决这个问题

应对同龄人群体的变化

青少年会通过同龄人来增强自身的身份认同，这也会让他们度过青春期的起起伏伏。因此，当这个群体突然发生变化时，青少年会变得非常焦虑，而这种同龄人群体的变化在青少年时期非常普遍。随着年龄的增长和新兴趣的发展，青少年跟小学时期的朋友的关系会越来越疏远。有时，由于社交压力，青少年甚至可能突然决定与一个好朋友彻底断绝关系。青少年开始基于共同兴趣或共同的行为方式形成小团体。在这个不断变化的社交场合中，青少年会感到需要加入“正确”的群体的压力，有些青少年试图彻底改变自己的行为以融入群体。在这种压力下，被同龄人群体孤立或被公然霸凌的青少年尤其会感到焦虑和脆弱。

刚进入中学时，戴维注意到他的好朋友威尔开始不怎么关注他了。威尔对体育有了更多的兴趣，现在总和他足球队的朋友们一起玩儿。戴维并不喜欢踢足球，他曾试图和威尔的小团体一起玩，但觉得自己很难融入。这让他感到很焦虑，直到他决定不再和威尔再在同一张饭桌上吃饭。现在他认识了一些有共同爱好的

新朋友——他们都对机器人感兴趣。

如果你的孩子正在应对像戴维这样的同龄人群体的变化，这里有一些应对这种“焦虑爆发点”的技巧：

- 鼓励孩子积极主动地结交新朋友，寻找结识新朋友的机会，并大胆向他人介绍自己。如果孩子害怕承担社交风险，请参阅第五章，了解减少社交恐惧的方法
- 提供引导，但不要直接让孩子加入某个特定的群体，这通常会适得其反，因为青少年在这方面更喜欢自己做出决定
- 许多人身上都会发生类似的事情，将这种变化正常化。如果你在青春期也有过这种经历，将它作为一个成长机遇而非恐惧跟孩子分享，这将会很有帮助
- 虽然同龄人对你的孩子来说确实很重要，但也要鼓励他积极参加能够扩大自己身份认同和兴趣的活动，而不仅仅是融入一个特定的同龄人群体；同时，也要鼓励他在不同活动中发展多样化的关系，万一他与某个特定群体的关系出了问题，这将使他避免因为“把所有的鸡蛋放在一个篮子里”而带来的负面影响
- 如果你觉得你的孩子可能受到了霸凌，请对他保持共情，成为他的“回音墙”，帮助孩子制订和练习应对策略，如有必要，尤其是如果欺凌行为持续存在，可

以为孩子寻求帮助，无论是对青少年进行治疗，还是与学校沟通，抑或是双管齐下

开启高中生活

许多学生非常害怕初中向高中的过渡。他们恐惧地意识到分数变得很重要。有些人开始担心该如何实现未来的目标，并开始做出许多“万一……”的假设。例如，一位青少年可能会想：如果我无法完成额外的家庭作业，或者我有一门课不及格怎么办？尽管孩子在初中表现得还不错，但焦虑的学生很少想起他们在处理这些压力时的积极应对能力和经验。对他们来说，高中就像是一个全新的世界。

阿比的惊恐发作始于她刚上高中时。阿比变得越来越焦虑，她在课上和课下的大部分时间都在担心自己无法应对学习阶段的变化。高中似乎比初中更具挑战性。当在课堂上遇到不理解的知识点时，她总觉得除了她自己，其他人似乎都能听懂。当她为第一次大型考试做准备时，她觉得这次考试一定会影响她的成绩和她的未来。

如果你的孩子也像阿比一样害怕升入高中，这里有一些应对这种“焦虑爆发点”的技巧：

- 如果你的孩子还没有上高中，提醒他：当我们预测未来可能出现的问题时，事情总是显得更为沉重，但当我们真正面对这些问题时，它们往往没有那么糟糕

- 如果你的孩子刚刚开始上高中，鼓励他关注那些进展得很顺利的事情，而不仅仅是关注那些出了问题的事情，如果你发现孩子表达出了对未来的焦虑，那么鼓励他关注当下的生活
- 提醒你的孩子想一想他已经知道的、如何在高中取得成功的所有方法，例如他知道如何学习、组织，以及理解复杂的材料
- 为孩子提供发展和维护友谊的机会，这将对他所经历的压力起到缓冲的作用
- 为了减少青少年因为达不到父母期望而产生的焦虑，家长需要在家里设置合理的期望：期待的是孩子努力的过程，而非完美的结果

> 焦虑的学生即使在初中表现得还不错，在面对高中的压力时也很少能想到自己积极应对的能力和经验。对他们来说，高中就像是一个全新的世界。

处理一段关系的失去

青春期经常涉及处理重要人际关系的失去问题，这是许多青少年第一次面对且必须处理的问题。失去亲密的朋友可能会动摇青少年的身份认同，这种身份认同在青春期的那几年往往非常脆弱。许多青少年感觉不到自己的价值所在，并会对自己的未来产生灾难化的想法。

约瑟夫感到震惊。他的好朋友刚刚和他决裂了，他觉得这是因为他自己做了一些愚蠢的事。除了悲伤，他还感到有一种可怕的不确定性。

如果你的孩子也和约瑟夫一样经历了关系的失去，你可以用以下方法为你的孩子提供帮助：

- 与父母牢固的情感链接有助于青少年抵御外部关系的起伏。设置固定的家庭时间，为分享创造机会，如一起吃饭或每周定期聊天
- 如果你的孩子对关系失去的意义产生了灾难化的想法，引导他注意并驳斥那些不切实际的想法
- 通过鼓励个人追求来提升自信，鼓励自我认同的持续增长
- 建议针对青少年自身特定的兴趣，开展能够促进自我安慰的活动，以帮助孩子分散注意力和放松
- 鼓励孩子发展不同的兴趣、参与各种活动并建立多样的人际关系，这将帮助他减少依赖，不会因过度关注一段关系而排斥其他关系

经历家庭矛盾和离婚

家庭冲突和离婚对所有孩子来说都是沉重的打击，但青少年还需要面对属于自己的特殊压力。他们往往比幼儿更敏锐地觉察到家庭冲突，并受其影响。由于处于即将成年的成长阶段，青少

年更容易被卷入冲突之中。他们可能需要承担调解父母之间冲突的责任，并因为自己支持父母其中一方而没有支持另一方而感到压力。如果父母离婚，青少年可能不得不适应在两个不同家庭的生活。在学业和社交需求方面，青少年已经有太多的事情要忙了，这种额外的压力可能是压死骆驼的最后一根稻草。

当凯特的父母决定离婚时，一切都变了。在搬家后她离开了她的朋友，她的父亲也搬去了另一个家。现在她的父母经常通过她相互交流，有时甚至在她面前争吵。她试图维护和平，但这种负担让她感到神经紧张，她担心会让冲突加剧。如果一切能回到以前的样子就好了，她想。

如果你的孩子也像凯特一样，经历了家庭冲突和离婚的艰难时期，这里有一些方法可以帮助他：

- 对孩子在应对众多变化时所面临的困难表达共情，向孩子强调家庭纽带是持久的，并建立一种可预测的生活惯例。尽管家庭正在发生变化，这样做也能帮助青少年理解这种变化，并体验到安全感
- 允许孩子不选择任何一方，并帮助他与父母双方都建立健康的关系
- 鼓励孩子不要因为过分关注家庭冲突而忽视自己的独立和成长
- 在父母与孩子之间、父母双方之间建立一致的规则和积极、清晰的沟通
- 尤其要确保孩子不会被夹在父母之间，成为父母沟

通的中间人。私下解决你和对方之间的分歧，不要把孩子牵扯进来

应对所爱之人生病或死亡

对正处于有家庭成员生病这一阶段的青少年来说，生活往往变得更加不可预测。每个月的治疗方案可能都不一样，预后[①]也往往很不确定。一些青少年长期担心病人的健康，这导致他们对未来更加焦虑。

家人的死亡会让人感到特别痛苦，对于青少年来说，通常是面对祖父母或外祖父母的死亡。有时，这种失去甚至会加剧已经存在的焦虑，如分离焦虑，并使青少年担心其他所爱之人也会死去。许多青少年倾向于隐藏自己的感情，他们对失去亲人的悲伤和焦虑情绪可能不会即刻显现出来。

祖母突然去世时，桑德拉感到震惊和不安，她与祖母关系非常好，这让她担心自己的母亲是否也会生病死去。她的担忧在每晚临睡前是最严重的，这时她会想象母亲生病但她毫不知情的情况。她开始每天晚上向母亲确认她的身体是否健康，但尽管如此，恐惧仍在继续。

如果你的孩子像桑德拉一样，正在经历由疾病或死亡带来的焦虑，这里有一些方法可以提供帮助：

① 对创伤或疾病可能造成的后果的预测，是医学诊断的一部分。——译者注

- 为了让孩子更好地面对家庭成员的疾病，请向他们提供信息，帮助孩子了解疾病的性质，包括预期会出现的病情的起伏，这将使病情看起来更好预测
- 每一位家庭成员从逆境中恢复并表现出心理弹性时，都要进行庆祝。这样做会营造一种积极应对的氛围
- 如果一个家庭成员病得很重或生命垂危，请确保你的孩子没有被蒙在鼓里。如果没有足够的信息，孩子会自己填补空白，有时会想象可能不会发生的事情。和成年人一样，青少年需要时间来适应变化和悲伤。根据青少年的年龄，提供适当的信息，不要太少也不要太多
- 当一个重要的人去世时，鼓励你的孩子处理他的感受。如果他不想对此进行讨论，可以写日记，通过音乐表达情感，或者写一封告别信，这些都会对他有所帮助
- 如果你的孩子每天都在反复想象自己所爱之人生病了，即使没有任何证据能够证明他的想象，则应鼓励他把这当作一个担忧要的把戏，然后不去管它

鼓励青少年表达对失去一段关系、父母离婚或失去亲人的感受，这将帮助他们从失去的感觉中恢复过来。

适应严重的身体损伤或疾病

当青少年经历严重的躯体疾病时，他们可能会在多个方面感受到严重的压力。躯体症状干扰了日常功能，使青少年难以完成学业、进行日常生活，这有时会导致社交上的孤立，也就意味着他们会失去社会支持。随着时间而变化的症状会使生活变得难以预测。慢性疾病尤其会让青少年感到自己与同龄人不同，进而产生不安全感。

索菲娅的脑震荡给她带来了许多意料之外的焦虑。她过去在课堂上非常自信，而且一直是人们求助的对象。但是现在，脑震荡影响了她的记忆，使她怀疑自己的答案，但她拒绝向包括老师在内的其他人寻求帮助。随着时间的推移和症状的持续，她开始自我封闭，不让别人知道她在日常生活中有多么挣扎。更糟糕的是，她回避接受任何新的挑战，无论这些挑战多么简单，她担心自己完全没有准备好面对它们。

如果你的孩子和索菲娅一样，面临着严重的身体损伤或疾病，以下这些方法可以给他们提供帮助：

- 承认孩子认为一切都充满挑战的感受，并表达共情。然后鼓励你的孩子不要根据他以前的表现来判断什么是成功，而要根据他现在积极应对的方式进行判断
- 在注意到优点的同时，鼓励你的孩子承认自己的缺点，即使这是暂时的。不愿意思考可能遇到的困难

是无法帮助你的孩子应对困难的

- 你的孩子可能需要临时在学校住宿，以减轻康复期间的学业负担，或者如果他患有慢性病，则需要一直住宿
- 疾病可能会让你的孩子易怒，这可能是由疾病的症状或他所承受的压力导致的。（关于如何管理易怒行为的方法，请参阅第七章）在症状发作期间，对孩子的易怒行为保持耐心，并关注孩子积极应对的行为迹象
- 尽管你的孩子正在经历困难，但也请注意不要对他过度保护。只要他身体上做好了准备，就可以逐渐鼓励他面对新的挑战。换句话说，不要让焦虑占据主导地位
- 无论是在体育还是学业领域，受伤和疾病都会导致人退出竞争，甚至失去竞争资格。关于如何面对竞争，下一节提供了帮助青少年应对这种损失的方法

直面更激烈的竞争

在青少年时期，你的孩子会遇到许多竞争激烈的新体验。你的孩子可能是有生以来第一次要参加一场至关重要的考试，加入一个有竞争力的团队，或者参加一场重要的比赛。在所有这些领域，青少年都觉得他们应该比同龄人聪明、做得更快或更强。这自然会让青少年产生表现焦虑，他们也会因自己可能无法满足这

些期望而产生灾难化的想法。青少年经常想象一个或几个负面结果会在未来一直持续，这是过度概括化这一认知错误的表现。

阿达姆知道今年的辩论队只有五个名额。他一直在不停地练习以优化自己的表现，但最终，在极大的压力下，他无法集中注意力，犯了愚蠢的错误。他觉得每个人都注意到了他表现得有多么糟糕，这让他的焦虑情绪变得更严重了。

如果你的孩子也像阿达姆一样，正在经历由竞争环境带来的压力，这里有一些方法可以帮助他：

- 让他知道，尽管结果不太理想，但他作为一个人的价值是不会改变的
- 向孩子传递这样的信号：以健康的方式努力实现目标跟追求完美是不同的，关于成为积极进取者的更多方法，请参阅第六章
- 鼓励孩子专注于达成目标的愉快过程，并关注自己对做事的热情或自身天赋，这样的话，在竞争中的任何损失都不太可能引发挫败感
- 鼓励孩子觉察可能增加危险感觉的思维错误，如灾难化（害怕最坏的情况）、揣测他人心理（想象别人对你的负面看法），或过度概括化（将单个负面结果视为持续的失败模式）。关于更多减少担忧的方法，请参阅第三章
- 鼓励孩子对个人表现的目标以及对活动的热情施加关注，而不是与竞争对手进行排名比较。青少年和

父母对排名给予明显的、过度的关注，可能会加剧青少年的焦虑，阻碍其集中注意力，并可能会影响成绩

- 在没有充分休息的情况下追求成功会导致精疲力竭和焦虑。鼓励孩子适当休息，以缓解压力，顺其自然

直面未来

这一大类的焦虑是指由对未来的恐惧引发的焦虑，大多数青少年在步入成年的过程中经常会经历这种焦虑。对未来的恐惧让青少年怀疑他们是否有能力取得人生的成功。很多事情都会引发这样的恐惧：参加高考等标准化考试、填报大学志愿、知道体育招聘人员正在观看自己的比赛，或者第一次尝试找工作。你的孩子对未来的焦虑程度基于两个关键的感知：未来看起来有多危险，以及他有多少信心能够应对这种危险。如果你的孩子想象的未来是可怕的、充满挑战的，并认为他的能力和优势有限，这自然会引发焦虑。

伊莎贝拉心事重重。她已经确定要参加 SAT 考试[①]，但她觉得事情发展得太快了。很快就要申请大学了，她甚至不知道自己想做什么。她想：万一我选错大学了怎么办？万一我找不到自己喜欢或者擅长的工作怎么办？越接近成年，她就越担心自己的未来。

① 美国高中毕业生学术能力水平考试，类似于中国的高考。——译者注

如果你的孩子也像伊莎贝拉一样，对她的未来感到非常紧张，这里有一些方法可以帮助他：

- 对孩子很好地处理困难的情况给予关注和赞赏，帮助他建立在应对能力上的信心。随着孩子在解决问题时越来越自信，他自然会减少对未来的焦虑
- 将对未来的担忧转化为对具体问题的解决。参与具体的任务会让孩子的思绪回到当下，并将注意力集中在他能控制的事情上
- 当你的孩子陷入对未来的“万一……”假设中时，引导他觉察到这一点，然后减少他的灾难化思维，比如害怕最坏情况的发生
- 引导他专注于当下。学会关注眼下的事，随着时间的推移，未来自然会变得不那么重要
- 特别要帮助你的孩子驳斥“任何情况都会对未来产生至关重要的影响”这样的想法。许多青少年认为成功是一条从成功到成功的线性路径，然而对大多数人来说，这条路径往往是曲折的，包含了一些失败和重组

离开安乐窝

对大多数青少年来说，上大学或第一次独自生活是一次巨大的转变。青少年仍在努力塑造自己的身份认同，在面临各种选择

的情况下努力探索自己是谁以及应该如何生活。此外，大多数青少年对越来越多的责任有点儿不知所措，对即将到来的巨大变化抱持着喜忧参半的矛盾心理。特别是在真正独自面对这些新挑战之前，青少年处于一个“无人区”，已经离开了过去，但还没有面对未来，恰好处在依赖和独立之间。

瑞安在上大学前的那个夏天突然感到焦虑。他对自己是否选择了正确的大学产生了怀疑，并开始重新审视自己的职业目标。他担心不能适应和室友一起住的生活、无法结交新朋友。与大学教授交谈或参加大学考试似乎让人望而生畏，他怀疑自己还没有为这种变化做好准备。

如果你的孩子也像瑞安一样，正在经历向成年过渡的焦虑，这里有一些方法可以帮助到他：

- 在孩子离开家之前，让他练习管理日常任务所需的技能，例如能够与老师或医生交谈、管理金钱和安排自己的一天。如果你的孩子对执行这些活动感到焦虑，请参阅第四章，了解如何创建挑战阶梯以实现这些目标
- 当孩子开始这一转变时，鼓励他不要用非黑即白的非理性标准来评判成功，而是要注意到自身的优势和需要改进的地方
- 人的大脑直到 25 岁左右才完全成熟，这可能会让孩子在走向完全独立的道路上产生一些颠簸。请不要太早地期待他完全成熟和成功。相反，尽管这一过

程中会遇到一些小问题，也要表达对孩子能够应对挑战的信心

- 鼓励孩子设定针对行为而非结果的小目标，并在实现目标时进行自我奖励。这将帮助你的孩子监测自己的行为，逐渐做出调整，并专注于他可以控制的领域
- 保持沟通渠道畅通，但作为家长，要逐渐减少介入或替孩子解决问题的行为。随时准备提供帮助，但不要过度控制。当孩子逐渐学会了独自应对挑战，那么他作为一个即将成年的青少年将获得更强大的自信

刻意关注并肯定孩子在解决问题和应对挑战方面积极健康的做法，随着时间的推移，这将有助于他成为能够自信地解决问题的人。

小练习

孩子的焦虑爆发点

你的孩子在生活中的焦虑爆发点是什么？思考一下导致他的压力和随之而来的变化的诱因，并将它们写下来。然后，以本章中的提示为指导，开始考虑针对每个爆发点的主动干预方法。你的努力可能会降低孩子不健

康焦虑的水平，在理想情况下，甚至可能会彻底阻止焦虑的产生。

保持一种打破焦虑的生活方式

一般而言，管理青少年时期的焦虑好像是扮演船长一样，努力引导船驶向平静的水域，尽可能避开底部的礁石。然而正如大多数家长所注意到的，现在往往青少年才是那个掌舵的人！尽管青少年有了更强的独立性并想要自己做主，但他们仍然需要某种程度的系统安排才能茁壮成长。以下是一些快捷提示，可以帮助青少年形成一种打破焦虑的生活方式：

- 认可休息、娱乐和游戏的价值。压力过大和事情过多的青少年需要时间充电
- 提高孩子的社会化，增加孩子的社会支持。研究证实了社会支持在减少焦虑和增强对压力的复原力方面的价值。鼓励你的孩子建立一个相互支持的同伴团体
- 焦虑会随着疲劳而加剧，这会强化非理性的想法，使其更根深蒂固。如果你的孩子有比较固定的就寝时间，最好每晚睡 8 ～ 9 个小时，并且在接近就寝时限制使用电子设备，情况将会有很大改善

- 如果电子设备对孩子产生了负面影响，就要对他使用电子设备加以限制。观察电子游戏、电脑游戏和应用程序对青少年的影响。如果你注意到他易怒、焦虑、睡眠不足或回避社交的情况增加，请围绕电子设备建立一套规则，包括何时开始、何时停止，以及何时休息
- 监控社交媒体的影响。一些青少年经常在社交媒体上比较自己和朋友的社会地位，这可能会加剧担忧和社交恐惧。如果你的孩子也是如此，你要教导孩子去思考他与社交媒体的关系对他产生的影响，并鼓励他做出改变
- 在家庭中保持积极、亲切的沟通，这将有助于在整体上减轻孩子的压力

当焦虑变得严重

本章到这里，我们已经讨论了青少年可能经历焦虑的典型时刻。现在，你也知道，你应该把偶尔的焦虑时刻看作青春期的正常组成部分。一般来说，这种焦虑会保持在比较低的水平，或随着时间的推移而消退，但有时焦虑会一直存在甚至加剧。这一节我们将介绍如何发现焦虑发展的迹象，以及如果出现了焦虑障碍，你要知道如何帮助孩子。

注意到问题出现的迹象

你如何判断焦虑什么时候超出了正常的青春期的起伏范围，乃至需要引起关注？这里有六个潜在的迹象：

- 孩子看起来极度痛苦，他表现得很焦虑，或说自己很焦虑
- 孩子的行为发生了显著变化，如出现回避或改变常规的行为
- 孩子在学校里的日常功能受损，有一些指标可以参考，如成绩下降、作业写不完、注意力不集中或课堂行为发生改变
- 孩子在社交场合的参与度降低，你观察到他的社交被孤立程度增加或活动参与度降低
- 孩子很难从小挫折中恢复过来，他的恐惧程度与实际情况不符
- 孩子表现出除单纯的焦虑之外的其他症状，如注意力不集中、易怒、有睡眠障碍、肌肉紧张、疲劳、胃痛或头晕

你的孩子经历的上述这类迹象越多，就越有可能经历临床意义上的高水平焦虑，症状严重到足以在他的生活中造成严重的困扰和损害。对于那种来得快、走得也快的暂时性焦虑，一定程度的恐惧在特定情境下是可预测的，它是合理的、符合成长规律

的，它的强度会随着时间的推移而降低。但问题性焦虑的程度与当下的现实情况并不相符，这种焦虑会随着时间的推移而增长，并且通常会发展到其他情境当中。

小练习

焦虑是否已经成了一种障碍？

在考虑你的孩子是否患有焦虑障碍时，问问你自己下列问题：

- 孩子看起来很痛苦吗
- 孩子表达过他很焦虑吗
- 孩子是否表现出了明显的回避
- 孩子在行为上是否发生了其他变化
- 孩子在学校的表现是否发生了改变
- 孩子在社交上是否发生了改变
- 孩子是否很难从日常的挑战中恢复
- 孩子是否存在注意力不集中的问题
- 孩子是否越来越易怒
- 孩子的睡眠质量是否变差了
- 孩子身体不适的情况是否更加严重了

如果你的孩子表现出上述一个或多个问题，请考虑寻求专业帮助，以进一步了解可能发生的情况以及解决方案。请记住，无论你的孩子是否正在接受治疗，你在本书中学到的管理焦虑的原则都将对他有所帮助，如运用挑战性思维和暴露疗法来克服回避。

青少年焦虑障碍的常见类型

显然，焦虑障碍是以症状命名的。广泛性焦虑障碍涉及对各种事情的持续担忧。我们可以把这种障碍看作是担忧“失控”的例子——对太多的事情表现出过分的担心！许多焦虑障碍是以患者的特定担忧或问题命名的。社交焦虑障碍表现为对在社交场合中受到负面评价的强烈恐惧；分离焦虑障碍主要是担心与自己的照顾者分离；惊恐发作可能伴随各种焦虑障碍，而惊恐障碍是担心自己再次惊恐发作；通常伴随着惊恐症状的是广场恐怖症，它是对某些场所的恐惧和回避。最后，特定恐怖症是指对特定物体或情境有强烈的恐惧。

还有两种可能引发焦虑的疾病，它们在其发展过程中有其独特性。对于创伤后应激障碍，患者先是目睹或经历了可怕的创伤性或危及生命的事件，然后这种创伤发展出了症状。对于强迫症，患者会有一些并不想要的和侵入性的强迫想法，以及对这些想法做出反应的冲动。

再重申一下，在所有这些情况中，担忧或恐惧并不足以诊断为障碍。当出现伴随的症状以及明显的痛苦或损伤时，才能诊断为障碍。此外，请记住，有些障碍虽然不属于焦虑障碍，但也有焦虑症状。例如，对生活压力源的过度反应导致的适应障碍中，焦虑就是一个突出特征。某些治疗也可能导致焦虑障碍。附录 C 对儿童和青少年的焦虑障碍诊断做了更详细的描述。

寻求帮助

尽管你尽了最大努力，焦虑可能还在对你的孩子产生巨大的影响。如果是这样，就是时候设计行动计划来解决问题了。如果你怀疑你的孩子患有焦虑障碍并需要治疗，那么你将有很多有效的选择。

首先，研究表明，CBT 对治疗所有焦虑障碍都非常有效，其原理也是本书的基础。你可以通过向儿科医生、班主任或精神科医生提出转诊的需求，找到社区里的青少年 CBT 治疗师。一开始可以在线搜索“CBT”“焦虑”和你所在的地区，但不要止步于此。

当你找到一些声誉良好的治疗师时，一定要调查他们在治疗焦虑障碍方面的经验和资质，以及他们为青少年群体和家庭提供服务的经验。如果研究儿童和青少年心理学的治疗师还掌握特定的知识和专长，那就更好了。此外，如果你意识到孩子患有特定的焦虑障碍，请确保治疗师在治疗这一特定问题方面有足够丰富的专业知识，并能简要阐述他的治疗方法。最后，不要忘记，为自己寻求治疗可能也是一个非常有效的途径，这可以为应对青少年或自己的焦虑提供支持、反思和建议。

可以询问咨询师的问题：

- 你从事临床实践有多少年了
- 你的治疗方法或取向是什么
- 你在焦虑障碍治疗方面是否接受了专门训练
- 你是否有针对儿童和青少年的心理治疗的训练和治疗经验
- 你是否经常治疗像我孩子这种情况的青少年
- 你的治疗方法将如何作用于我的孩子
- 家长是否要参与到治疗中、如何参与

在帮助孩子寻找最佳治疗师时，掌握这些问题的答案是有帮助的。

心理治疗和药物治疗相结合通常是缓解焦虑障碍症状的最佳方式。然而，许多青少年仅进行心理治疗就够了。事实上，正如本书所讨论的，由于回避会增强恐惧，一个只使用精神药物治疗的青少年可能同时需要一个 CBT 治疗计划来减少回避行为，这种组合通常会让青少年的症状得到显著的改善。如果你的孩子正在由专业的心理治疗师治疗，那么心理治疗师可以帮助你做出何时需要转诊到精神科医生那里的判断。

> 除了明显的痛苦和功能障碍，无法从困境中恢复过来也是问题性焦虑的一个重要标志。

积极改变正在发生的信号

一旦你的孩子如本书所述开始实施积极的自助计划以减少焦虑，或者开始治疗，你自然会想知道你所希望的关键变化是否正在发生，考量一些变化发生的关键信号会有所帮助。第一，你的孩子在面对通常会引发焦虑的情境时，体验到的痛苦是否在逐渐减轻？第二，因为焦虑的青少年通常会陷入一种回避挑战的模式，所以你应该可以看到这些回避行为也在逐渐减少。第三，在面对从未遇到过的会引发焦虑的新情境时，你孩子的反应可以衡量他的焦虑状态。他是否表现出更切合实际的思维，并能更好地应对新的压力？他是否朝着积极的目标前进并承担新的风险？记住，在评估这些因素之前，要让孩子的努力有机会发挥作用。

有些青少年很快就能够成功地表现出积极的行为变化，另一些则需要额外的时间来内化和练习新的思维方式和行为方式。如果你的孩子患有不止一种精神疾病（如还患有抑郁症），那么行为的改变可能需要更长时间。大多数坚持练习本书中讨论的策略的青少年都有可能在缓解焦虑方面取得巨大进步。此外他们还有一个额外收获：在这个过程中，他们学会了一种与焦虑互动的新方式，这大大增强了他们的心理弹性，并有助于预防未来焦虑障碍的复发。

第十章

给父母的路径图

如何应对焦虑的青少年，挑战你的担忧，为孩子引路

埃玛的故事：寻找一条新路

开始实施这项计划时是很艰难的。我精疲力竭，很担心我的女儿，坦率地说，我很沮丧。琳赛总是在各种各样的事情上依赖我，但最终我坚定了立场，并解释说，这样做会让她的焦虑更加严重，我们都需要改变我们处理事情的方式。我需要停止为焦虑会如何伤害她而担心，她需要停止依循她的第一本能、急迫地逃避焦虑。我逐渐看到事情发生了一些变化，当她真的决定把我看作是帮助她直面恐惧的支持者，而不是帮助她回避恐惧的拐杖时，我感到非常骄傲。我知道我通过做出改变，帮助她走到了这一步，当然我还在努力。在面对焦虑时我们都经历了一些具有挑战性的时刻，但现在我知道她会成功应对的。

帮助父母应对压力

我们知道青少年那些适应不良的焦虑对他们有巨大的影响，那么父母呢？对父母来说，这段旅程在许多方面同样艰难、同样重要。本章将重点介绍作为父母，你可以如何应对青少年的焦虑，使你和你的孩子都从中获益。

正如所有焦虑青少年的父母所知道的，养育一个正处于焦虑发作期的孩子一定不是件容易的事。如果有一支温度计可以测量你孩子的焦虑对你和家庭的影响，分数会有多高？只是“有点儿高”“中等程度的高”，还是有时会“极高”？以下是青少年焦虑会对你产生负面影响的几种方式：

- 让你与孩子的沟通充满挑战
- 孩子有时会因为焦虑做出逆反行为
- 导致你和你的伴侣在如何应对焦虑方面产生分歧
- 让你很难拥有自己的时间
- 让生活变得难以预测，因为焦虑会突然爆发
- 可能会让你或其他家庭成员一直不停地帮助孩子
- 让你改变家庭中的常规和惯例
- 会导致你的孩子、你或者你的其他家人错过重要活动

焦虑除了会引发日常的困难，青少年的焦虑还可能引发父母的多种情绪，这些情绪对父母来说充满挑战。例如，父母可能会担心孩子的应对能力，为焦虑妨碍了孩子的生活而痛苦，为自己

在某种程度上“导致”了焦虑而内疚，为孩子的行为而愤怒，为似乎没有任何东西可以消除焦虑而感到沮丧。长此以往，焦虑导致的这些情绪后果都会对你产生影响，而这些也可能对你的孩子不利。例如，有研究发现，当父母出现高强度焦虑时，患有焦虑障碍的儿童往往表现更差。

因此，当你减少青少年焦虑对你的影响，并关注自己的情绪健康时，这也会对你的孩子有帮助。最近，戈尔达·金斯伯格（Golda Ginsburg）和她在约翰斯·霍普金斯大学（Johns Hopkins University）的同事的研究也使大家备受鼓舞。他们发现，通过应用 CBT 原则来减少青少年的焦虑，并改变家长对青少年焦虑的反应，甚至可以防止青少年患上焦虑障碍。在这项研究中，那些父母对自身焦虑实施了认知行为干预的孩子，在 12 个月内焦虑障碍的发病率降低了近 6/7。

在接下来的这一章中，我将向你介绍八项计划，让你和孩子在帮他克服焦虑的过程中都少一些压力，并能更加积极地应对焦虑。我们将重点探讨你对孩子焦虑的想法、信念和期望对你和孩子产生的影响是正面的还是负面的。然后，为了缓解照顾焦虑的青少年所带来的压力，你需要努力保持乐观，增加你的社会支持，留出时间照顾自己。最后，你需要让焦虑对你与孩子的关系所产生的影响受到一些限制，并学着为设计、运用新的前进方式树立榜样。总的来说，这项计划会让你和你的孩子都产生积极的变化。

最近的研究表明，通过应用 CBT 原则来减少青少年的焦虑，并改变你对青少年焦虑的反应，你就有可能预防青少年患上焦虑障碍。

1. 驯服你自己的焦虑想法

很多父母都非常担心焦虑会对孩子有什么影响，这些担忧会使他们更难应对焦虑的青少年，并可能阻碍其在孩子处于困难时期做出有效的养育决策。正如本书所强调的，驯服担忧的最好方法就是对焦虑的想法发出挑战。就像焦虑的青少年会产生消极和灾难化的想法一样，父母在为孩子的焦虑而担忧时也会产生类似的想法。事实上，因为焦虑通常存在家族遗传，通过反推，父母也可能有焦虑和担忧的倾向。以下是一些父母看到孩子焦虑时的内心想法：

- 如果现在他不能应对挑战，未来他将永远无法独立应对任何事情
- 如果他不改变自己的羞怯，他将不会有任何朋友
- 他无法应对再次出现的惊恐发作，他会崩溃的

下一次，当消极想法开始掌控你的生活时，你要有所觉察。可以思考一下你的想法是否极端化、是否有考虑到境况的全部事实。以下是一些更切合实际的想法，可以用它们来替换上面列出的想法：

- 虽然他现在面对挑战时有些吃力，但并不意味着会永远如此。他以前也完成过其他挑战
- 尽管对他来说维护一些友谊可能很难，但仍然有人喜欢他的陪伴，而且他迟早可以变得更好
- 他一直在应对不舒服的感觉，并能忍受它们

当青少年听到他们的父母表达消极和灾难化的想法时，有时会引发一个反馈循环，导致青少年的想法变得更加糟糕。与之相反，你要对你自己的焦虑想法发出挑战，为孩子做出榜样，告诉他该如何做到这一点。

小练习

挑战我自己的担忧

既然你已经知道你的孩子该如何向他的思维错误发出挑战，你也可以练习用这种方法应对自己的焦虑想法。当你的孩子再次表现出焦虑时，问自己以下问题来挑战你的担忧（试着在你产生担忧想法当下这样去做，而不是在事后进行回忆）：

- 现在我在想些什么
- 现在我有了哪些具体的想法
- 我是否只关注了消极的一面，或者只假设了可能发

生的最坏情况

○ 看看所有关于孩子表现的证据，我的相关想法有多切合实际

○ 如果以一种更切合实际的方式看待当前的情况，我可以怎样思考

例如，你可能会想：这是没用的，他一点儿也没有好转，什么办法都没用。然后看看证据：他昨天使用了有效的策略，尽管遇到了挫折，但一直以来他都在逐步改善。于是你可以产生新想法：他现在正遭受挫折，但从他在行为上逐渐出现的积极变化来看，一些策略已经奏效了。

2. 改变关于养育和焦虑的信念

一位富有洞察力的家长最近对我说："我所有的时间都在努力让每个人都快乐。如果我的孩子不快乐，我就不会快乐。我知道这不是健康的状态，但我好像停不下来。"正如这位家长深刻意识到的，这不是一个双赢的局面，因为我们无法保证孩子一直快乐，在面对焦虑时更是如此：为了让青少年变得更好，父母必须学会忍受他们的孩子有时会不开心、焦虑和不舒服的事实。

我们对养育的信念关系到我们如何看待与孩子的许多互动。遗憾的是，这些信念有时过于僵化。一个表明你可能持有僵化信

念的标准是用绝对化的方式进行思考，比如带有“从不”或“总是”。你也可能对自己的行为设置了严格的规则，证据就是你认为自己“必须”或“应该”做什么。有些家长承认，在帮助焦虑的青少年时，他们对父母这个角色持有过太过僵化的信念，他们是这样思考的：

- “我应该始终尽一切努力减轻我孩子的痛苦。”
- “我本应该解决我孩子的焦虑问题。”
- “我应该防止我的孩子经历任何伤害或失败。”

当你发现你有这些错误的信念时，你应该质疑它们。当然，父母可以指导孩子克服焦虑，但他们不能为孩子解决焦虑问题，不能也不应该阻止孩子经受痛苦。为了克服焦虑，青少年还必须面对事情进行得不顺利的可能，他们不应该被保护到免受风险或失败的程度，因为风险和失败可能会提供重要的学习经验。

除了这些对养育的信念，许多父母似乎还对焦虑的本质持有错误信念。还记得我们在第四章中讨论过很多青少年对焦虑的误解吗？父母自己也常常有这种误解，例如：

- “焦虑会伤害我的孩子。”
- “我的孩子应该没有任何焦虑。”

实际上，坚持这样的错误观念会让父母更难帮助孩子面对恐惧，同时还会让父母很难接受孩子处于焦虑状态之中的事实。焦虑有许多有用的功能。它可以增强动机，例如在重要的考试中；或者发出信号，提醒我们需要为即将到来的挑战和风险做好准备。青少年需要在意识到焦虑是无害的、他们可以适应适当水平的焦虑的同时，父母也需要接受这种看待焦虑的新方式。

你需要时间和精力来明确你关于焦虑的信念以及你作为家长在解决焦虑问题过程中所扮演的角色。但是首先，为确保你的信念不会妨碍你支持孩子进行焦虑管理，明确这些信念是非常重要的。当你的孩子再次出现高强度焦虑的状态时，可以问问自己：这意味着什么呢？这对作为家长的我意味着什么呢？这会帮助你看清一些隐藏起来的东西——对你的角色或对焦虑本质不必要的假设。你可能会根除不健康和无益的信念，比如：如果我孩子的焦虑还没消失，就是我的错或者意味着孩子并没有努力去改变。如果你发现你没有切合实际地看待焦虑或看待你作为家长的角色，那么就一定要对它们发起挑战。健康的信念会维持你的幸福感和应对能力，并让你和孩子更容易一起挑战恐惧。

> 能够预料到并接受偶尔的焦虑复发是很重要的。与其将旧病复发视为彻底的应对失败，不如将其视为这样一个信号：你的孩子需要暂停一下，重新评估，学习更多技能，或练习已经学到的技能。

3. 对“改变”设定切合实际的期待

在与焦虑的青少年打交道时，如果你对自己和对孩子的目标设定得太高，就会产生更多挫败感。就期待而言，许多父母要么因为不知何故导致了孩子的焦虑而感到内疚，要么觉得能够迅速缓解孩子的焦虑，要么觉得持续已久的焦虑可以很快消失。当然，上述期待没有一个是切合实际的，如果抱有这些期待，父母只会增加自己的痛苦。许多父母会敦促孩子尽快停止焦虑，当这种期待落空时，他们会感到失望、担忧和愤怒。这就使父母与青少年之间的沟通陷入了消极模式，青少年会觉得父母在要求他们改变。面对这种压力，一些青少年会反抗，另一些则变得更加焦虑。

适应不良的焦虑不是在短时间内形成的，因此消解这种焦虑也需要时间。青少年需要时间来学习对抗焦虑的必要技能。因此，在设定缓解焦虑的目标时，重要的是减少完美主义，并将努力更多地看作在攀登陡峭的山峰。每一步都会让你更接近顶峰，但有时道路比你以为的要长很多。同样重要的是要预料到并接受焦虑偶尔会复发的可能。再强调一下，与其将焦虑复发视为彻底的应对失败，不如将其视为这样一个信号：孩子需要暂停一下并重新评估他的情况，他需要学习更多的技能或重新练习已经学到的技能。

小练习

我的期待

问问自己：你对孩子的焦虑有什么期望？比如，你希望焦虑很快消失吗？你希望你的孩子永远不再那么焦虑吗？然后基于你阅读本书后对焦虑的了解，问问自己，这些期望是否切合实际。

4. 关注积极因素

第二章我们讨论了关注非焦虑行为的好处，它是一种简单但能够有效减少焦虑行为的策略。这个策略不仅对你的孩子很重要，对你自己也很重要。在这一过程中，只要做出了行为改变，无论是孩子还是你自己，都要关注积极因素和小的胜利，这将帮助你减少那些灾难化的想法，比如认为怎么做都没有用。无论孩子的行为变化有多小，都要每天关注那些有效果的部分。多关注以下情况：

- 孩子在直面恐惧时表现出了冷静行为
- 孩子在直面恐惧时表现出了勇敢行为
- 孩子采用了有效的策略来战胜恐惧
- 你所做的事情帮助孩子度过了焦虑的时刻

小练习

关注积极因素

在让生活变得不那么焦虑的过程中，用日记记录你和孩子所经历过的积极时刻会对达成目标很有帮助。当你度过艰难时刻时，回顾一下日记将能帮助你在事情看起来不乐观时依旧精神饱满。如果你的孩子经历了挫折，你也可以使用这个列表来提醒他在直面恐惧时所取得的成就。

无论孩子的行为变化有多微小，都要每天关注那些起作用的因素。

5. 寻求社会支持

研究表明，社会支持是让身心保持健康的良药。焦虑青少年的父母如果缺乏社会支持，就不太能够准确判断自己和孩子表现如何。相反，他们会很困惑：是因为我的养育方式有问题吗？还是我孩子自身的原因？然而，焦虑和焦虑障碍在青少年中很常见，数百万父母都和你有一样的担忧和关切。我们也可以从与其他父母的沟通中获得支持、共鸣，以及应对策略等帮助。

为应对焦虑青少年所带来的日常挑战，你可以向值得信赖的朋友、当地支持性团体、家长团体或在线论坛寻求帮助。从那些和你经历相似的人身上获得一些观察问题的其他视角会对你很有帮助。此外，暂时远离有压力的环境总是有帮助的，所以也可以考虑参加读书俱乐部、上瑜伽课或其他与人见面和放松的活动。有的父母可能因为另一方监护人的缺席或对养育方式的不赞同而感到孤独，这使得他们在有压力时更无法冷静地与孩子相处。

6. 为自己创造身体和心灵的空间

青少年时期通常是与父母逐渐分离和个体独立的时期，但焦虑会对正常的成长过程造成重大影响。就在大多数父母期望孩子能够越来越为自己处理问题做好准备的时候，焦虑的青少年仍然会在许多方面依赖父母。过度依赖父母的焦虑青少年会有如下表现：

- 过度寻求安慰或建议
- 要求父母代替做他们想回避的事情，如代替他们发言、开门或捡起物品
- 在应对困难的情境时，要求父母抽出时间陪在自己身边，如在外参加活动时紧挨着父母
- 要求父母改变家庭常规，如检查门锁、以某种方式洗衣服，或参加冗长的就寝仪式

总而言之，这些都对父母的时间、精力和情感提出了强烈而持久的要求。更糟糕的是，如果父母提供了所有这些支持，父母和孩子之间的个人界限会逐渐消失，这会让父母感到沮丧和被束缚。回答一下这个问题：我最近一次关注自己是在什么时候？如果你的答案是“我自己吗？哦，我都忘了我自己了”，那就有问题了！

帮助焦虑的青少年会让人筋疲力尽，但在这一过程中也不要忽视自己的需求和个人身份，这一点尤为重要。焦虑青少年的父母习惯于被打断，他们会把自己的需要放在一边，先照顾孩子。如果这和你当前的状态很像，你需要开始为自己留出一些时间和空间，确保在这些时候孩子不再是你生活的中心。接下来，要找到你特别喜欢的事情，并安排时间专注于它。发现一个新的爱好或重拾久违的热爱既让人满足，也能缓解压力。

这样做时，父母必须克服内疚感，因为他们往往觉得专注于自己在某种程度上是自私的。然而，一旦开始这样做，他们就将感受到令人耳目一新且充满活力的体验，这会帮助他们更好地发挥作为父母的作用。随着处于儿童早期的孩子不断长大，你可能已经有了属于自己的时间，但随着焦虑在青少年时期突然来袭，你不得不做出改变，再次变得警惕起来。或者，如果你的孩子在很小的时候出现了焦虑问题，他可能一直都过于依赖你的帮助。现在，本书已经提到了有哪些方法可以有效改变这一问题，你可以重新整合并评估你在帮助孩子的过程中所扮演的角色。

越来越多的研究表明，父母过度保护、过度控制和强化回避行为等养育方式，与孩子焦虑的增长尽管不一定是因果关系，但却有所关联。减少你对孩子的干预可能对你和孩子都有好处。随着时间的推移，你需要逐渐限制你的孩子在何时以及通过何种方式向你寻求帮助。如前所述，我们希望青少年减少回避和过度寻求安慰的行为，这样他们在应对焦虑时就会变得更加独立和有能力，这将对你们双方都有帮助。

鼓励孩子明白焦虑不应该主宰他的生活、你们的生活甚至整个家庭的正常运行，以此来向他传达这一点。然后告诉他你将不再做哪些事，相应地，别忘了解释他应该做哪些事。例如，一位母亲鼓励她的孩子想出一些好方法来独自应对焦虑，这些方法成功地让她的孩子不再在半夜叫醒母亲以寻求安慰和安全感，这让他们俩终于睡了个好觉。另一位母亲的孩子害怕细菌，她告诉儿子，她将不再为他开门，这让他开始克服自己的恐惧，也让母亲不再经常被打断自己的事来帮助他。同样，要成功地做到这一点，你必须愿意忍受你的孩子会在最初感到非常沮丧和害怕，以及对你不满的情况。不过，久而久之，你们将恢复到父母和孩子之间应有的状态——你会提供一些帮助，但孩子会逐渐变得更加独立。

> 如果你的孩子在很小的时候就出现了焦虑问题，他可能一直都过于依赖你的帮助。到这里，本书已经讨论了有哪些方法可以有效改变这一问题，你可以重新整合并评估你在帮助孩子的过程中所扮演的角色。

小练习

留给我自己的时间

请检查一下，在下面两种情况下，你是否经常主动介入去帮助孩子：(1)你的孩子已经有能力应对具有挑战性的情况；(2)为了减少焦虑，你的孩子需要自己练习应对挑战的情况。如果之前有介入，请逐渐降低频率。一旦计划启动，就开始问自己这样的问题：既然我对帮助孩子这一任务的介入变少了，我是否有想重拾的爱好，或想尝试做的事情？理想情况是找到一个你所热爱的活动或追求，然后去不断发展它，并在自己有压力时通过它们释放压力。

7. 找到让你身心平静的方法

即使你一般不会感到焦虑，但当孩子的焦虑很严重、频繁，或者一触即发时，任何人都会变得神经紧张。不仅仅是青少年会对焦虑敏感，我们每个人体内都有一个警报系统，当我们感觉自己受到威胁时，它就会发出警报。为了减少焦虑的影响，我们也必须关注自己的神经系统。

问问你自己：上一次我感到非常平静是在什么时候？如果距离现在已经有相当长的时间，那么就应该给予关注了！在有压力时，我们平时的应对机制可能无法满足我们的安慰需求。即使是平时有韧性、坚强的父母也会感受到，随着与焦虑的孩子打交道，压力开始让他们疲惫不堪，他们逐渐开始失眠，变得易怒、肌肉紧张，甚至出现惊恐症状。如果你有焦虑的倾向，并且看到自己的孩子变得焦虑，这种压力可能会导致你的焦虑再次出现或加剧。

第八章讨论了一些让身心平静下来的方法，如腹式呼吸、冥想和一般正念策略。除了这些策略之外，还要关注降低整体压力水平的方法，这意味着你需要尽可能采取措施来减轻不必要的压力。

在你孩子的焦虑达到顶峰时，你可能需要放弃一些你正在为别人做的不必要的事情，或者增加你时间压力的事情。问问自己是否需要修改一些应对压力的方法。不要忘记前面提到的“无休止焦虑循环”，你思考和应对自身焦虑的方式将决定着焦虑情绪是否会很快平静下来，甚至消失。如果你感到内心平静，那么当你的孩子焦虑情绪爆发的时候，你就能更好地向他表现出平静状态和并给予支持行为。 否则，你孩子的焦虑和你自己的压力与焦虑都有升级的风险，因为它们会相互作用并加剧。

小练习

家长的焦虑检测

问自己以下问题，确定你是否需要改变应对压力的策略：

我感到压力很大的频率是怎样的？

______ 一周一天

______ 一周几天

______ 每天

我的压力水平基线是什么样的？按 1 ～ 10 分对每日的平均压力水平打分，我会打多少分？我希望我的压力水平是怎样的？

我使用的减少压力的应对策略有效吗？

______ 大部分时间有效

______ 部分时间有效

______ 几乎无效

我是否需要更频繁地使用这些应对策略？

______ 是

______ 否

我是否需要改变我的应对策略？

______ 是

______ 否

如果你对上一个问题的回答是肯定的，那么重新想一个你可以使用的应对策略：

____

我们很少停下来思考自己的应对计划是否有效，因此进行压力检查将帮助你做出必要的改变。

8. 从长远的角度看待你的角色

当你正处于一个充满挑战的时期，停下来对你和孩子正在经历的阶段进行思考看上去似乎是不可能的。但退一步想想，这样做有助于你更好地看待自己作为焦虑青少年的家长这一角色。通常情况下，当青少年出现焦虑时，父母会感到无助和自责，而且他们的帮助似乎不起作用。

如果你似乎只是在不停地解决一个又一个问题，那就是时候从长远角度来考量你作为一个焦虑青少年的家长的工作了。这意味着要考虑哪些长期因素是重要的，以及随着时间的推移，你可以做些什么来帮助你的孩子变得更好。首先，随着你继续尝试对青少年的挣扎表达共情，久而久之，你与孩子的沟通会更有效，与他们的关系也会更紧密。当你知道了要改变焦虑想法，而不是直接给出建议，那么在焦虑再次来袭时，你就从根本上改变了你和孩子之间的关系。你也可以把消除焦虑回避作为一个长期目标，并确保你不会无意中强化这种行为。从长远来看，这种指引将教给你的孩子一个挑战恐惧的模板，这将带来巨大的回报。

最重要的是，永远不要忘记你还有一个重要的任务，即为孩子树立榜样，向他示范而非口头上叫他如何缓解焦虑。如果你作为榜样，通过身教而非言传的方式向孩子展示如何应对焦虑，久而久之，你就逐渐向孩子勾勒出了一幅蓝图，教会他该如何应对和战胜问题性焦虑。我们一直在讨论，树立榜样可以改善焦虑的不同方面。综上所述，下面有八种在应对焦虑方面树立榜样的新思路：

- 展示你如何分析自己的想法，并在必要时挑战错误的想法
- 展示你如何不去关注反复出现的或无益的担忧
- 展示你如何专注于你的目标，而不是你的担忧
- 表现出迎接挑战而不是回避挑战的健康意识
- 表现出对不确定性的容忍度，并承担合理范围内的风险
- 展示你如何循序渐进地解决实际问题
- 表现出你是一个积极的奋斗者，可以容忍不完美
- 展示你对自我照顾的尝试，并花时间放松身心

即使你没有达到作为“完美”榜样的要求（当然没有人能达到），也要学会自我关怀。就像你的孩子一样，你可能也会有状态不佳的时候。正如一个青少年最近说道：“我妈妈对我正在做的一些事情感到非常紧张，然后就会‘黑化’！”当这种情况不可避免地发生时，你甚至可以把它作为一个轻松的教学时刻。比如，你可以说：“嗯，我想今天我的担忧已经把我压倒了，是时候按下重置按钮了。”长远来看，这有助于向你的孩子传达这样一个信息：我们判断成功或失败的标准不是任何时刻发生的事情，而是我们是否在朝着正确的方向前进。

改变心理，改变大脑

在过去的 25 年里，越来越多的研究都得出了一个惊人的结论，即改变心理的运作方式实际上会改变你的大脑！这些研究表明，CBT 改变了许多不同类型焦虑障碍（以及抑郁障碍等疾病）患者的大脑功能，产生了类似于精神药物的作用。想象一下！只要学会以不同的方式思考和行动，就能改变我们大脑的工作方式。现在，研究表明，身体和心理之间并不存在所谓的分离。

让我们说回青少年的大脑，请记住，青少年仍在经历大脑的变化，直到 25 岁左右才趋于成熟。所以，你有机会影响这一进程。当父母帮助焦虑的青少年学习改变自己的想法，并练习新行为时，他们实际上是在鼓励孩子产生与在心理治疗中所产生变化相同的变化。他们也会在孩子的确出现问题、真正有需要时寻求心理治疗的帮助。这些变化甚至可能以积极持久的方式对青少年的大脑产生影响，这意味着你有一个特别难得的机会来帮助你的孩子走上积极健康的道路。随着你掌握了有效克服焦虑的新知识，你的孩子会有尝试新事物的决心并敢于做出承诺，他未来可能会有很大的变化。

致　谢

感谢我的导师们，他们在令人惊叹的、充满了艺术性和科学性的心理学领域，尤其是 CBT 方面对我进行了培训。我很荣幸曾向焦虑障碍治疗领域的全国知名专家学习，非常感谢你们的智慧和指导，特别要感谢奥伦·平托·瓦格纳博士、马丁·富兰克林博士、埃里克·斯托奇博士和亚历克·波拉德博士，你们的培训大大提升了我对焦虑治疗的理解。

感谢新先驱出版社（New Harbinger Press）的团队帮助我从头到尾制作这本书。首先，感谢策划编辑温迪·米尔斯坦，感谢您充满热情地相信本书的理念。感谢副主编维克拉吉·吉尔，很荣幸从您那里得到如何使本书变得更好的精彩建议，这使得整本书的清晰度和意义提升到了一个全新的水平。感谢策划编辑梅利莎·瓦伦丁，您的编辑建议总是把我引向正确的方向。克里斯季·海因，感谢您优雅而充满艺术性的编辑工作。感谢编辑经理克兰西·德雷克，您指导本书走向了卓越。

我感谢我的朋友和家人，他们在这一过程中一直支持着我。谢谢你，艾琳·肯尼迪·穆尔，为我提供了灵感的火花，帮助我真正开始这个项目，感谢你的指导和智慧。我很荣幸遇到我的朋友兼导师、著名儿童心理学家塔梅拉·莫勒博士，您是我所认识的最无私的人，您逐字逐句地帮我编辑初稿，并在这一过程中向我传授您惊人的临床智慧，我永远感激您的支持。感谢我的妹妹拉亚尼·威尔逊，感谢你在项目的每一步都给予我建议、编辑和鼓励。感谢我的同事卡伦·科恩、卡萝尔·布卢姆、温迪·马修斯和劳拉·伯尼斯，感谢你们为我提供的有益建议。

本书传递的一个信息是，只要我们勇敢地走向未知，就会发生巨大的改变。我很早就从我的父亲 B. R. 阿迦尔博士那里学到了这一点，他离开祖国，带着梦想到了加拿大。他向我展示了如何通过奉献、毅力和推动自己尝试新挑战的意愿来获得成功。如果没有他这样一位优秀的榜样，我很怀疑自己能否像现在这样成为一名作家和心理学专家。我的母亲玛拉蒂·阿迦尔向我展示了无私、爱、冷静和务实的力量。在最具挑战性的时刻，她总是陪伴着我，这引导着我走到了今天。谢谢你们的爱和支持。感谢我的丈夫乔恩对我的鼓励和信任，感谢我的兄弟纳文，感谢你一直鼓励我写一本书。感谢我处于青少年时期的儿子，你最大的优点就是对学习的热爱，这对你做任何事情都是有帮助的，看到你以巨大的毅力、勇气和决心克服困难，让我为此刻的你感到骄傲，也为你的未来而激动。

最后，感谢所有信任我的青少年及其父母，你们让我加入到打败焦虑的团队当中。看到你们的努力付出卓有成效，我感到非常高兴。

附录 A　苏格拉底提问法

父母可以用来驳斥焦虑想法的简易指导

以下是一些问题示例，可用于识别担忧，并将青少年的焦虑想法慢慢地转变为更切合实际、更具有适应性的想法。每个目标后面都有家长可以问孩子的问题。记住，要慢慢来！在你孩子的焦虑没有达到顶峰时提问，而且不要一下子问太多的问题，因为这会让孩子感到难以承受。

目标：识别焦虑的想法

- 你在恐惧或担忧什么
- 你正在想什么

目标：鼓励检验担忧

- 是否有证据表明你担忧的事并不真的存在

- 证实、证伪你的担忧的证据分别有哪些

目标：识别灾难化想法

- 你是否害怕出现最糟糕的结果

目标：减少灾难化想法

- 你是否有证据证明这件事会发生，还是你只是害怕它会发生
- 它实际发生的概率有多高？此外还可能发生什么
- 现实的情况是否有可能没有想象中的那么危险或者糟糕
- 这种情况是否会随着时间推移变得不再那么重要

目标：减少对消极部分的片面关注

- 在这种情况下，有什么积极因素可以抵消消极的部分吗
- 能否用其他方式去看待它

目标：减少非黑即白的思维

- 有什么方法可以将情况不视为彻底好的或彻底坏的，而是介于两者之间

目标：减少对他人心理的假设，即人们对你的看法是负面的

- 你有什么证据证明他们真的在这样看待你

- 他们可能会怎么想你不那么糟糕的部分

目标：减少把一件消极事件过度概括并延伸到未来的频率

- 是否可能会发生其他的事情，让这件事变得没有那么重要
- 还可能会发生什么

目标：形成健康的心态，培养积极应对、解决问题的能力

- 如果你害怕的事情真的发生了，是否有可能没有你想的那么糟糕
- 如果你害怕的事情真的发生了，你是否可以应对
- 是否有一些应对问题的方法，可以让这件事变得不那么糟糕

附录 B　思维错误

常见的思维错误[①]

“全或无”思维：以非黑即白的极端视角看待问题，要么全好要么全坏，要么完美要么失败

心理过滤器：只能注意到消极的一面

否定积极事件：当积极事件发生时，完全忽略它的价值

揣测他人心理：没有证据就直接得出结论，认为有人对你有消极的看法

灾难化：担心最糟糕的事情发生

过度概括化：基于单个事件或单个证据得出过于宽泛的结论；特别是，把一件事看作是一种持续失败模式的标志

---

① 基于艾伦·T. 贝克对思维错误概念的发展，以及戴维·D. 伯恩斯在《伯恩斯新情绪疗法》（*Feeling Good: The New Mood Therapy*）一书中对该概念的描述。——原注

附录 C 对儿童和青少年的焦虑障碍诊断

这里介绍下儿童和青少年常见的与焦虑相关的临床疾病[①]。如第九章所述，焦虑本身不足以构成疾病诊断，还需要考虑痛苦的严重程度和功能受损程度。以下疾病按照这些障碍在青少年中从最常见到最不常见的顺序排列。

特定恐怖症

这种障碍是指对特定物体或情境的强烈恐惧，例如飞行、动物、呕吐、注射或看到血。青少年会回避该种物体或情境，或痛苦地忍受它，但对其恐惧的程度超出了实际的危险水平。大约16% 的青少年患有这种障碍。

---

① 参考美国精神病学协会于 2013 年出版的《精神障碍诊断与统计手册》第五版。流行病学数据也基于美国国家心理健康研究所的数据。——原注

社交焦虑障碍

患有这种障碍的青少年害怕经历尴尬，他们认为这会导致社会的不认可。他们会回避可能遭到不认可的社交场合，或痛苦地忍受它们。对于未来可能遭遇的不认可，这些青少年也存在预期焦虑。社交焦虑障碍通常在青春期中后期被首次诊断出来。大约7% 的青少年患有这种障碍，发病年龄的中位数是 13 岁，处于青春期初期。

创伤后应激障碍

患有创伤后应激障碍的青少年目睹或经历过实际死亡、死亡威胁或受伤等创伤性事件。为了应对这种创伤，青少年可能会经历强烈的恐惧、躯体痛苦，反复痛苦地回忆起或梦见创伤事件，回避任何能让他想起创伤经历的事物。此外，还有情绪变化、认知变化等症状。由于创伤，青少年可能会害怕自己与众不同，或难以融入群体。症状通常在创伤后的三个月内开始出现，但也可能会延迟出现。大约 4% 的青少年患有这种障碍。

惊恐障碍

患有这种障碍的青少年会反复经历难以预料的惊恐发作，包括突然爆发的躯体不适。然后，他们担心会再次发作，认为自己在发作期间会受到可怕的威胁，并可能会大幅度改变自己的行为以避免更多的发作。惊恐障碍在儿童时期非常罕见，但在青春期，发病率会增加到 3% 左右。

强迫症

如果青少年患有强迫症，他的脑海里会反复出现引发焦虑的想法、冲动或图像。为了应对这些强迫思维，青少年试图忽视或压抑自己的想法，或进行强迫行为，这是一种重复的行为或心理活动，旨在预防、减少焦虑，或防止恐惧事件的发生。常见的强迫思维包括害怕污秽、需要以特定的方式做事，或伤害自己的想法。常见的强迫行为包括洗手、整理物品、检查、计数和重复词语等。大约 2% ～ 3% 的青少年患有这种障碍，这其中又有 25% 的病例始于 14 岁，如果不进行治疗，青春期的发病可能会发展为终身的慢性疾病。

分离焦虑障碍

患有这种障碍的青少年在预期或经历与家庭或照顾者（通常是父母）的分离时，会经历过度的、与成长阶段不相符的焦虑 。青少年担心失去亲人或受到伤害，也担心会发生一些不好的事情，例如被绑架或迷路，导致与亲人的分离。由于上述的担心，症状可能包括难以独处、拒绝上学以防分离、离开家或亲人时难以入睡、做有关分离的噩梦，以及因害怕分离而产生躯体症状。这种障碍在儿童当中更为常见，但也可能发生在少数青少年（1.6%）当中。它可能由生活压力引发，包括失去亲人、转学或父母离婚等事件。

广泛性焦虑障碍

患有这种障碍的青少年会对各种事情感到过度的、无法控制

的担忧。除了担忧之外，还有妨碍日常生活的症状，如烦躁、疲劳、注意力不集中、易怒、肌肉紧张和睡眠不足。患有这种障碍的青少年往往会担心自己的学业和运动表现，可能会追求完美，过度寻求安慰。大约 1% 的青少年患有这种障碍，但也有很多其他的青少年表现出轻微的担忧和相关症状，这些症状会导致极度的痛苦。